影响孩子一生的
专注力训练

锤叔讲感统　著

陪孩子养成专注力

北京联合出版公司
Beijing United Publishing Co.,Ltd.

图书在版编目（ＣＩＰ）数据

陪孩子养成专注力 / 锤叔讲感统著 . — 北京 : 北京联合出版公司 , 2022.7

（影响孩子一生的专注力训练）

ISBN 978-7-5596-6221-7

Ⅰ . ①陪… Ⅱ . ①锤… Ⅲ . ①注意力—能力培养—家庭教育 Ⅳ . ① G782

中国版本图书馆 CIP 数据核字（2022）第 090191 号

陪孩子养成专注力

作　　者：锤叔讲感统

出 品 人：赵红仕

责任编辑：肖　桓

北京联合出版公司出版

（北京市西城区德外大街 83 号楼 9 层　100088）

三河市中晟雅豪印务有限公司印刷　新华书店经销

字数 155 千字　700 毫米 × 980 毫米　1/16　印张 14

2022 年 7 月第 1 版　2022 年 7 月第 1 次印刷

ISBN 978-7-5596-6221-7

定价：65.00 元（全 2 册）

01

第一部分
理解感统，帮助孩子聪明地成长

一

02

第二部分
提高孩子的学习力和社会适应力

—

03

第三部分
孩子的专注力是培养出来的
—

04

第四部分
抓住"敏感期"，提升孩子的各项能力

一

理解感统，帮助孩子聪明地成长

01

感觉统合对我们有多重要

我是一名脑力运动训练导师，研究儿童感统已经 15 年了。每当我在各个平台给大家做育儿科普时，总有人问我："我家孩子做事特别不专心，是不是感统失调了？""我家小朋友阅读能力很差，是感统失调吗？"

想知道什么是感统失调，首先我们要理解什么是"感统"。

下面就让我带着你，对孩子的感统做一个最基本的了解吧。

感觉统合：良好知觉与精细行为的基本保障

"感统"，是"感觉统合"理论的简称，是指大脑和身体相互协调的学习适应过程。

早在 1969 年，美国南加利福尼亚大学的临床心理学博士爱尔丝（Anna Jean Ayres）就初步提出了"感觉运动系统"理论，并把这个理论应用于临床的辅助治疗。到 1972 年，她又系统地提出了"感觉统合"的理论。

爱尔丝博士认为，人类在各种环境中活动，靠人体感觉器官通过视觉、听觉、嗅觉、味觉、触觉等来探索、获取周边环境的各类信息，再由大脑将所获得的信息整合起来，从而形成知觉。而大脑在获得这些信息时及时有效地做出恰当的反应，这个过程就是"感觉统合"。

理论概念总让人费解，我们可以举两个例子，来生动地说明什么是"感统"。

"红绿灯"和"幼儿园门卫"

我先举第一个例子：我们可以把感觉统合比喻成"红绿灯"。

街道上车比较多，但是在红绿灯的调控下，车辆会有序通行。如果没有红绿灯，那么城市的交通情况就会乱作一团，陷入瘫痪。

感觉统合就像城市中的红绿灯，在我们身体中指挥、接收、处理、加工大脑所接触的信息，然后让这些信息有条不紊地输入大脑，大脑再进行整理、分析，然后做出反馈。

红绿灯还会结合上下班时段等高峰期，根据实际路况调整切换时长。同样的道理，我们的大脑也会因为获得外界的不同刺激而做出恰当的反应。

第二个例子也是我经常讲的，是把感觉统合比喻成"幼儿园门卫"。每个幼儿园都需要门卫。门卫每天早上会把小朋友迎进门，并把他们准确地交到对应的班级负责人手中，然后催促门口的家长及其他无关人员离开，这样才能保证幼儿园正常运转。同样，感觉统合就是要把那些有用、有关的信息传递给大脑，将无用、无关的干扰信息过滤排除掉，不允许它们进入大脑。这就相当于"幼儿园的门卫"，只有这样才能保证大脑高效、正常运转。

苹果为什么是"苹果"

"感觉统合"是一个很复杂的过程，要将许多分散的信息整合成整体。

例如，我们如何认识一个"苹果"？当然是要通过眼睛、鼻子和嘴巴，以及手指的皮肤，还有很多关节肌肉来协作认知。

首先，眼睛会告诉大脑，苹果是红色的；手指会告诉大脑，苹果的外表比较光滑，表面是圆弧形的触感；鼻子会告诉大脑，苹果闻起来很香；嘴巴里的舌头会告诉大脑，苹果吃起来是酸酸甜甜的。其次，在吃苹果的时候，需要用手握住苹果，准确地递到嘴边，张大嘴巴。最后，通过嘴巴中的牙齿咀嚼苹果。

大脑在认识苹果时，需要把眼睛看到的，鼻子闻到的，手里感觉到的，嘴巴尝出来的……这些信息统合在一起，最终才能认识"苹果"，并赋予苹果认知上的意义。

如果把以上信息单独提取出一两个，就不能准确得出"这个东西是苹果"的认知。视觉上的红色的不一定是苹果，闻起来有香味的不一定是苹果，吃起来酸酸甜甜的也不一定是苹果。

如此复杂的过程，我们往往意识不到，这是由于人的本能所致。

所以，感觉统合就是从局部到整体的过程，大脑把这些信息整合、加工、统合之后，形成一个认知，最终得出"这个东西是苹果"的结论。

这个过程是通过多种感官系统输入信息，激发感官产生神经冲动，然后输入中枢神经，神经中枢再把接收到的信息加以组织、比较、存储，将过去和现在的信息统合之后，调动个体做出恰当动作的，之后中枢神经系统再把这些信息进行动作输出（动作输出是受神经系统支配的一种表现）。接收信息—传递信息—处理信息—输出信息—回馈信息，这就是大脑工作的流程，也是"感觉统合"的过程。

感统失调：影响学习能力的发育障碍

什么是感统失调

孩子在生长发育过程中，大脑和身体各部分协调出现一些障碍，就会形成感统失调的问题。

感觉统合是大脑所拥有的功能，因而感统失调也是大脑功能的失调，也可以认为是一种学习能力障碍。

感统失调的孩子一般在智力方面都是很正常的，他们的问题主要表现在触觉敏感、前庭平衡系统失调、本体觉失调、左右脑平衡失调、视知觉或听知觉失调等。这些问题，本质上并不是病症，可以通过感统训练来改善。

网上流传着一个段子：孩子一两岁的时候，父母觉得孩子是万里挑一的天才，长大了能改变世界；孩子上幼儿园的时候，父母觉得孩子千里挑一，长大了肯定能成为科学家；孩子上小学以后，父母觉得孩子可能只是百里挑一，重点大学或许能挑挑选选；孩子上初中以后，父母只期望孩子能考上高中。

作为家长，我们不能仅当这是一个网络段子看，乐和一下。现象后的本质，更值得我们去深思。为什么很多人小的时候很聪慧，长大之后却并不出众？

这仅仅跟家庭教育和学校教育有关吗？有些家长是老师，是教育专家，孩子长大后学习能力一样很普通。这是为什么呢？这个现象可能跟孩子的感统失调有关。

感统失调直接影响孩子的学习能力

感统失调并不是病，但它会造成一种学习功能障碍，虽然不影响智力，但是直接影响孩子的学习能力。

例如，视知觉失调，会影响孩子的阅读能力，导致其阅读不流利，出现跳读、漏读等问题，识字认字也相对更有难度；听知觉失调，会使孩子在课堂上听老师讲课的时候，常常听而不闻，或者听进去的讲解不全面、丢三落四，甚至忘记老师布置的作业。另外，本体觉失调会导致孩子缺乏自信、消极退缩，前庭功能失调可能使孩子语言发展迟缓，表达能力差，还会影响孩子的平衡能力和动手能力。这些同样会在一定程度上影响孩子的学习能力，因为学习能力不仅表现在学习课本知识方面，心理素质和实践能力也是学习能力的重要影响因素。

感统失调会影响孩子的专注力

孩子感统失调后，很难拥有良好的专注力。例如，做事不太专心，好动不安。家长陪伴孩子阅读绘本的时候，他一会儿要去玩积木，一会儿要去玩小汽车。就算家长讲得绘声绘色，与他互动，他也难以坚持下去。

又如，上课时喜欢搞小动作，调皮、任性、挑剔，没有心思听老师讲课。有时候还会找同学一起玩，也容易与别的同学发生冲突。

一个孩子，如果没有良好的专注力，就不能很好地自律，加之学习能力在客观上还存在不足的地方，学习过程必然事倍功半。

有些家长和老师总是批评孩子"视而不见""听而不闻"，这对于一些存在感统失调问题的孩子来说，是生理因素影响的结果，并不是孩子不爱学、不想学。主观上孩子是愿意学习的，也愿意好好学，可是效果不理想。

我们总是听说，某人小时候很聪明，长大了反而学习不好。因为智力仅仅是决定孩子成长的一个因素，而且不是决定性因素。一个孩子很聪明，但是上课不能专心听讲，老师讲课时经常发呆、漏听讲解……可能在低年级的时候，靠智力的优势能保障学习成绩不错，但到了高年级之后，随着学习内容广度和深度的增加，慢慢就会跟不上学习进度。因而学习成绩会逐渐滑坡，其学习过程也很辛苦。

很多家长给孩子辅导功课，常常搞得"鸡飞狗跳"。原本想着好好跟孩子沟通，最后被气得七窍生烟，恨不得动手。一次两次出现这样的情况，家长可能还能坚持；一年两年呢？有的家长基本就放弃了，有的家长则变得更加严厉。不管是放弃还是变本加厉地要求孩子，这个过程中对孩子的批评和否定，很容易给孩子造成心理创伤，也会引起家庭矛盾。

问题的根源在什么地方？可能就是因为孩子感统失调，缺乏专注力训练。家长认识不到这个问题，那么就很难有效地帮助孩子提高学习能力。

可以明确的是，孩子的学习能力和专注力是可以通过训练加强的，感统失调也可以通过药物和训练得以调整。这些在后面的内容中会进行详细讲解，从理论到实践进行分析说明。

要注意的是，有感统失调问题的孩子，应尽量在 12 岁之前调整好。一旦超过 12 岁，就很难改变了。如果有条件的话，建议尽早进行专业训练。

有哪些表现的孩子可能存在感统失调

感统失调有很多外在的表现，大致可分为以下几方面。

好动不安

有些孩子一天到晚动个不停，安静不下来。老师在上面讲课，他在下面抠一抠手指、动一动玩具、玩一玩铅笔，扭头、转身，小动作特别多，不认真听讲，跟不上老师的思路。不仅如此，还很容易被外界因素干扰，有点动静就去关注。这些情况都是感统失调比较典型的外在表现。

莫名讨厌或偏好某一学科

孩子在上学的时候，没有原因地讨厌或者偏好某些学科。例如，不喜欢数学和语文，或者特别喜欢英语和体育。这可能是因为某科老师的一些行为或语言让孩子无法接受，导致孩子不喜欢这个老师，但他的表述是不喜欢这个学科。相比之下，某些老师的语言和行为让孩子特别喜欢，所以孩子便会偏爱他们喜欢的老师所教授的学科。

聪明却胆小，缺乏自信，容易受挫

有些孩子很聪明，但是特别胆小，缺乏自信。这类孩子智商往往很高，记忆力超强，甚至可以过目不忘。但是如果在众人面前展示，他经常会表现出抵触和拒绝。"妈妈，我不愿意""爸爸，我不想去做""爸爸，我不敢""妈妈，你替我去"……这些孩子还可能特别容易受挫，犯了错误，家长还没开始批评他，只要感觉到家长情绪稍微有点儿变化，他就已经哭成了"泪人"。

无法正常沟通

这类孩子经常自言自语，无法和人正常沟通。感觉统合理论中的"语言"，指的是语意、语境、语言逻辑，要能够说得清、说得明、听得懂，这不仅是一个发声的问题。有些孩子说话比较清楚，但是语言逻辑是有问题的，语境是有问题的，语言的表达是有问题的。被问问题的时候，经常答非所问，如问他："你去帮妈妈拿一杯茶好不好？"他可能会说："妈妈，这是什么花？"再问："宝贝，你吃饭了没有？"他说："妈妈，我要看绘本。""宝贝，你叫什么名字？"他说："妈妈，我们去看绘本吧。"

总之，就是答非所问，而且语言逻辑混乱，很难表述一个完整的句子，这些被统称为"语言发育障碍"。

身体协调性差

这类孩子经常"平地摔跤"，走着走着突然就摔倒了。家长可以做一个测试，3岁以上的孩子，让他做直线距离的跑步，距离不用太长，10～20米就可以判断出来。如果他很难沿直线一直跑下去，很可能是前庭平衡系统出现了障碍。

还有些孩子极容易出现撞墙、撞桌角、撞茶几等情况。我接触的案例中，有一个7岁的孩子，他妈妈带他来的时候，孩子的右手臂已经撞断过三次。他在跟别的小朋友一起玩耍、奔跑的时候，经常会撞到墙角、门等一些坚硬的物体。我们给孩子做过测试后发现，他的前庭平衡得分只有23分，是一个比较低的分值。

过度防御

有些孩子对理发、剪指甲、洗澡、吹头发十分抗拒，这些都属于感觉统合失调里非常典型的触觉敏感问题造成的过度防御表现。这类孩子往往很聪明，但情绪容易急躁，总是拒绝理发、剪指甲、洗澡、吹头发，因为这些行为让他们感到不舒服。

手脚不灵活

一般3岁以上的孩子，攀、爬、滚、蹦、跳都比较灵活。但是有些孩子从板凳上跳下去，或者跨越一个小小的障碍，甚至上下台阶这些常规的动作，做起来都会显得特别笨拙，他的手、脑和身体的协调总会让人感觉不顺畅。

辨识能力差

汉字很特别，方方正正，一笔一画。我们小时候写字会用田字格，分为左右、上下结构。但对于本体觉失调的孩子，就很难做到一笔一画，孩子无法把字完全写在框内，经常会凸出一笔。

还有一些孩子对"b"和"p"、"3"和"8"这类外表比较相似的字母、数字分不清楚，很容易混淆。这是视知觉空间出现了问题，导致孩子看东西时视觉轮廓、视觉记忆、视觉追踪、视觉想象等功能都出现了障碍。

固执、暴躁

家长让孩子拿东西，叫孩子起床吃饭，都会遭到孩子的拒绝。甚至孩子的脾气会变得特别暴躁，可能出现扔东西、砸东西的情况，并且说出"爸爸（妈妈），我不喜欢你"之类的话。

这类孩子在触觉方面比较敏感。这种情况家长要记得给孩子做抚触按摩。抚触按摩对孩子情绪的安抚、引导、转移都有很大的帮助。

发音不清、大舌头

很多家长特别怕孩子哭，殊不知这样做会导致孩子发音不清。其实孩子 1 岁之前，一定要让他适当哭一哭，这对孩子有很大帮助，可以提高肺的透气性，提高肺活量，有利于舌根肌肉的发展和锻炼，让孩子以后说话时能够字正腔圆，发音更加标准。

爱哭、黏人

孩子 2 岁之前，爱哭、黏人，甚至打人，都属于正常现象。因为我们人类有两大触觉系统：一个叫作原始触觉系统，是先天存在的，它的功能是逃避和抗拒；另一个叫作后天先进的触觉系统，它的功能是沟通和辨识。

通过专业的感统训练，可以让原始触觉系统的功能随着年龄的增长慢慢减弱，让后天先进的触觉系统的功能随着年龄的增长慢慢增强。

原始触觉系统减弱，后天先进的触觉系统增强，这两者的交集就在 2 岁左右。所以 2 岁之后，如果孩子还出现爱哭、黏人等现象，家长就要引起重视了。

针对这种情况，最有效的感统训练方法就是按摩。

喜欢爬高，但害怕走独木桥或者平衡木

一个 2 岁左右的孩子，如果特别爱站在沙发顶上、板凳上、桌子上，却害怕走独木桥或者平衡木，这种情况多半属于前庭平衡系统失调。

由于前庭的刺激不足，孩子需要用这种高空攀爬的方式来寻找视知觉空间的刺激，寻找视觉对焦能力的刺激。而走独木桥和平衡木需要前庭平衡系统起作用，从而保证身体平衡，防止摔倒。这类前庭平衡系统失调的孩子，走独木桥和平衡木的时候，很容易摔倒受伤，所以不愿意走。

挑食、厌食

人类有两大部位的触觉接收器特别多，其触觉敏感程度也特别高：第一个部位是手指肚，第二个部位是舌尖。俗话说"十指连心"，也说明了这个道理。我们的舌尖可以判断 0.1 毫米的间距。孩子如果触觉太敏感，防御功能太强，就会挑食、厌食。对于这类孩子，最好的纠正方法还是做触觉减敏、抚触按摩。

坐姿不良

感觉统合本体觉失调的孩子，不管往哪儿一坐，都是"葛优躺"的模样，四仰八叉，坐无坐相、站无站相。本体觉可以让我们的身体处于大脑控制的状态，让身体保持好姿态，稳稳地坐住。只有身体平衡了，大脑才能专心工作，去整理、加工、分析、处理问题。如果身体不稳，

大脑就需要腾出一部分精力来控制身体，那就无法专心地去做一件事情。

害怕身体接触，容易吵架

有些孩子特别害怕身体接触，在幼儿园群体生活中，别的小朋友可能轻轻摸他一下，他就会报告老师说"他打我"。其实这不是孩子矫情，而是因为他的触觉太敏感了，对于他来说，确实感受到了强烈的触觉刺激。

所以，我们要理解和尊重这类孩子，他们是比较典型的触觉敏感，偶尔还会出现攻击别人的现象。甚至打了别人以后，很快就变得跟没事人一样，接着又跟被打的小朋友一起玩了，还笑嘻嘻地问："咦，你怎么哭啦？"

爱做旋转类游戏，而且转不晕

在我们的课程实验中，有一些竖抱筒、横抱筒、大陀螺、乌龟旋转等旋转类的游戏。有的孩子特别喜欢，不肯停下来。很多大人都无法承受的极限，他们做起来却特别舒服，这类孩子就是典型的前庭刺激不足。

出现阅读障碍

有些孩子看书看不下去，不是他不想看，而是他的视知觉空间发展不足，视觉聚焦不稳定，所以导致不习惯、不喜欢阅读。

这些孩子基本上都存在看电子产品时间过长的现象。长时间看电子产品会严重影响孩子的阅读能力，以及影响孩子视知觉空间的形成和视觉聚焦的稳定性，导致孩子将来阅读时可能出现错行、漏字、不顺畅等现象。

这里需要强调一下，2～4岁的孩子，尽量不要让他看电子产品，4岁以上的孩子看电视和电子产品的时间也要加以限制。

专注力较差

有些孩子不能专心去做一件事情。当父母给他讲故事的时候，他总是会打断父母的叙述，会不假思索地提一些与故事没有关系的问题，或者听不了一小会儿就去玩玩具。经常好动、不安，很难专心做某一件事情。总是手脚不停地忙碌，喜欢给大人捣乱，难以听从大人的指示，不听劝阻。

这些孩子在学习方面表现得很明显。坐不住，不能好好听讲，经常开小差或者走神。对学习并不上心，做作业马虎，质量、效率都不高。

以上就是感觉统合失调的各种外在表现。这些行为大部分都是在孩子3岁之后表现出来的。如果孩子出现以上感觉统合失调行为，家长也不用太着急，感觉统合失调不是病，它是行为及心理障碍，通过专业的感统训练，很快就能改善和提升。

对于家长而言，就是需要耐心学习感觉统合的理论知识，掌握训练方法，在家里或者通过专业机构，帮助孩子在3～6岁的黄金期进行训练和提升。

也可以在孩子 3 岁之前做好预防工作，防止孩子 3 岁后出现感觉统合失调。

在接下来的内容里，将详细地跟大家分享一些关于感觉统合方面的专业知识。认真地学习并掌握这些知识，能帮助我们及时有效地发现问题、解决问题。

感统失调的成因有哪些

想要预防孩子出现感统失调的问题，父母就要知道其形成的原因。一般来说，感统失调，是因为存在以下问题。

遗传

如果爸爸、妈妈感统失调，如听力、语言或者行为有障碍，那么很有可能会遗传给孩子，导致孩子出现类似的情况。

脑损伤或脑功能失调

导致孩子出现脑损伤或者脑功能失调的原因多数是分娩时间过长、难产或者胎儿受到感染（如脑膜炎）等。

另外，父母在备孕阶段没有做好准备工作，如抽烟、喝酒、熬夜，长期情绪不稳定，经常喝咖啡等刺激性饮料，甚至有极端案例——家长在备孕期吸毒，都有可能导致孩子感统失调。

生化失调

生化失调主要是由于抗生素的滥用导致的，这个问题一直困扰着很多家长。孩子使用抗生素有比较严格的规范，正规的医疗机构和医生都很重视这个问题。家长要切记，不要自己给孩子乱用药物，一定要科学控制或限制使用抗生素。

胎位不正

胎位不正可能会引起胎儿的平衡感失调，因此，准妈妈要引起重视。在孕期要定期做检查，多向医生咨询注意事项，按照医生的建议去做。

早产或剖宫产

剖宫产是一种很安全的生产方式，但也存在一些问题。剖宫产的孩子没有经过产道的挤压，很容易造成感统失调。在我们统计的数据里，剖宫产导致儿童感统失调的比例占30%~40%。准妈妈在选择生产方式的时候，我们建议在不影响母体和胎儿的安全与健康的前提下，尽可能选择自然分娩。

孕期错误用药

妈妈在孕期错误使用了一些药物，对孩子造成伤害。关于这一点，大部分家长还是有这方面意识的，会注意防范。

父母太忙，没时间带孩子外出活动

如果父母由于自己的原因，没时间带孩子外出，亲近大自然，甚至用电子产品来代替自己的陪伴，孩子很可能出现感统失调的状况。我经常讲，孩子有两个"妈"，第一个是亲妈，第二个是大自然。

孩子2岁之后，家长应该让他在自然的怀抱里运动，攀、爬、滚、蹦、跳等，这些有利于孩子左右脑的分化、专责化。这个时候，我们的大脑是既分工又合作，可以提高工作效率和大脑的协同效率。让孩子多爬，这样能保证孩子前庭的刺激比较到位，让孩子的大脑发育得更充分。

触觉刺激不足

现在的孩子很少有机会玩泥巴、玩沙子，因为父母觉得脏，有细菌，不让孩子去玩，结果导致孩子的触觉刺激不足。泥土、沙子里确实有很多细菌，但只有孩子的皮肤对细菌有了认知，才能产生针对性的抗体。家长们不要怕脏，要让孩子多去玩泥土、沙子，这样有利于孩子的触觉刺激和感觉统合的发展。

过早使用学步车

在这里强调一下，我们要尊重规律，不要让孩子"被走"。"被走"就是家长操之过急，用学步车、学步带，把孩子"拽"起来，逼着孩子被动地走路，这些都会造成孩子前庭平衡系统失调，也容易导致孩子头部支撑力不足。

揠苗助长导致的挫折感

很多父母对孩子要求太高，管教太严，人为地给孩子制造压力。导致孩子自由活动的时间太少，精神受到伤害，产生了揠苗助长的挫折感。爱要学会适当放手，放手不是放任，而是放下——有监管、有规则地放下。

以上这些是很多家庭都可能出现的情况，所以准爸爸、准妈妈需要提高意识，注意防范。0～3岁的孩子，少看电视，多接触大自然，攀、爬、滚、蹦、跳，多去找同龄的玩伴玩耍；3～6岁的孩子，在感觉统合黄金时间段内，要进行专业、系统、科学的感统训练。这样，感统失调的各种行为表现，就会得到明显的改善和纠正。

关注孩子发育的每一个环节

很多爸爸妈妈问我："锤叔，我想让孩子变得更聪明，有什么办法吗？"

我想说，孩子的智力绝大多数是天生的，但通过后天的培养，可以在很大程度上提升孩子的行动力、学习力、专注力和感受力，这些能力会直接影响孩子的成长。

很多父母不愿意和孩子一起练习，只希望孩子自行成长就能成长得符合自己的期待。种一棵树还要浇水、施肥，何况是养育孩子呢？孩子成长发育的每一个阶段都很重要，父母应该积极地学习相关知识，真正做到科学地陪伴。

下面，我就来给大家简单地介绍一下孩子的大脑和感觉系统发育的规律。

大脑是什么时候发育的

人类受精卵形成的第一时间，大脑其实就已经开始发育了。

受精卵形成之后，大脑的细胞会以每分钟 50 万个的速度制造神经元（神经元又称为神经细胞，是构成神经系统结构和功能最基本的单位）。随着时间的发展，胚胎很快就形成了三层细胞组织。

最里面的一层叫作内胚层，未来形成的是宝宝的内脏和器官；中间的一层叫作中胚层，未来形成的是宝宝的肌肉和骨骼；第三层叫外胚层，未来形成的是宝宝的皮肤和神经系统（脑前细胞也是在外胚层形成的）。

通俗地讲，形成神经系统和皮肤的材料是一样的，它们都是在外胚层形成的，所以说触觉刺激是可以帮助发展人体的神经通路的，这也是我们一直在强调做抚触按摩的原因，特别是处于婴儿阶段的孩子，家长要持续地给孩子进行抚触按摩。

在孩子不同的成长阶段，父母需要注意哪些问题

科学备孕：保持良好的生活习惯

这个时候宝宝还没出生，孕妇需要做的是戒烟、戒酒，不喝浓咖啡、浓茶，不要做对身体不利的事情。

另外，孕期要保持良好的心情，在我们遇到的实际案例中，有一部分孩子的感统出现问题，或者大脑生长发育、脑神经系统出现问题，就是因为在孕期前三个月，妈妈或多或少地都会有情绪问题，心情受到很大影响。

孕期前三个月非常重要。如果这个时候妈妈的心情不好,情绪出现大的起伏,就会影响胎儿的神经网络和神经系统的搭建。

孕期五个月之后,孕妈要有意识地多走动。

走动分为三种:一是上下走动,如上下楼梯;二是平行走动,就是我们日常的走动;三是摇摆走动,就是孕期挺着肚子时有些摇摆幅度的走动。孕期五个月之后,婴儿前庭的基础系统已经发育好了,它会连同触觉一起给大脑全部的刺激,也就是感觉统合的输入。

宝宝六个月以内:坚持做抚触按摩

这个阶段就要开始做抚触按摩了,每天坚持 15 分钟左右。如果宝宝是剖宫产,那么父母就要更加重视。六个月之前的抚触按摩效果是最好的,也是最省力的。其实孩子在 12 岁之前,都需要每天坚持做抚触按摩。3 岁以上的孩子,在做抚触按摩的同时,还要进行挤压按摩。

七八个月的宝宝要多引导爬行

家长要让孩子多去爬,爬行有利于孩子左右脑功能的发育和专责化,有利于大脑胼胝体的生长和发育。一个宝宝并不是走得早就好,要多鼓励爬行,爬行的总时间原则上应该不低于 800 个小时。

千万不要使用学步车等辅助工具让孩子提前行走,要让孩子自然发育,不要揠苗助长。

1 岁左右的宝宝:适当地哭更有益

1 岁左右的宝宝应该让他多去哭,宝宝哭一会儿是没有问题的。当然,如果孩子哭是因为有生理疾病或者不舒服,这种情况要及时就医,不能让孩子一直哭而不管。哭可以提升宝宝的肺活量,可以提高肺的透气性,还能让宝宝的舌根肌肉得到很好的锻炼,有利于孩子日后的语言发育。宝宝哭的时候，都是张着嘴的，这样有利于长大以后说话字正腔圆，发音标准。学过播音主持专业的人都知道，老师在上课的时候，经常会让学生嘴巴张到最大限度咬苹果，这个训练叫"开口"。同理，婴儿在哭的时候，也有利于训练开口，这样将来才能吐字清晰。

1～3岁：给孩子输入大量语言概念

这个时期是宝宝语言的敏感期，给孩子输入大量的语言概念，效果是最好的。家长要注意的是，在和孩子沟通的时候，要避免说长句子，尽量说短句子，表达尽量不要太复杂，要让孩子知道什么是语言。

其他要注意的问题

看电子产品不利于培养孩子的注意力

关于手机和平板电脑等电子产品，4岁以下的孩子能不看就不看。4岁以后可以适当看一点，但要有限制地看。经常看手机、平板电脑等电子产品，会影响孩子的注意力，并且会影响孩子视知觉的发展。

要让宝宝亲近大自然

1～3岁的孩子要多到室外活动，这样有利于大脑的生长发育。3岁以后的孩子，更要多在大自然的怀抱里攀、爬、滚、蹦、跳，有利于四肢协调，身体平衡，这对大脑的控制力，脑神经的意志力，包括对肌张力、肌耐力的训练，都是非常有好处的。

父母的陪伴，对孩子至关重要

孩子3岁之前，能不用保姆就不用。孩子3岁之前是他的重力安全感、情绪安全感、亲子安全感、规则秩序感建立的关键时期，而这些都是需要由父母陪伴完成的。家长不要把这些工作全部交给保姆，保姆照顾孩子只是工作，不是职责。

现在很多家庭，父母都要工作，白天陪伴孩子相对较少，那么下班后或者周末的时间一定要与孩子互动。不能因为工作辛苦，回家只顾着自己休息，而忽略了孩子。另外，要注意的是，工作与生活中的不良情绪不要带回家里。当你给孩子快乐的时候，孩子对你的信任和亲近也会治愈你。

保持情绪的稳定

这一条很重要，需要重点强调。在带孩子的过程中，要保持情绪的稳定，不要急躁。很多家长常常会抱怨说："我天天带孩子，带得特别烦、特别累，情绪非常烦躁。"请注意，你的情绪会影响孩子的情绪，你的状态会影响孩子的状态。

很多父母的语言模式都是责备、指责、命令、恐吓等，跟孩子之间没有沟通、没有信任、没有尊重。这样非常不利于孩子的成长。

孩子的世界大人很难真正了解，只能尽可能地去接近他们，体察和感受他们的内心。从婴儿到成年人的跨越，这不是从未成熟到成熟的过渡，而是从青虫到蝴蝶的蝶变。我们不能要求青虫去飞翔，我们能做的是收起自己的翅膀，和青虫一起爬行，给他破茧化蝶的信心和能力。

前庭系统失调的三大类表现

在人类大脑的后下方，脑干的前面有一个微小的雷达式感觉器官，这就是我们的前庭神经核，它组成的神经网络功能，通称为前庭觉，是人身体的八大感觉之一。八大感觉是指视觉、听觉、嗅觉、味觉、触觉、前庭觉、本体觉、内脏觉。前庭的运作，既关乎人体平衡与空间方位的感应，又影响了人体姿势的维持、动作的协调，还与视觉、听觉、嗅觉、味觉、触觉等其他感觉系统的发展，以及语言能力、专注力的发展密切相关，所以它的发展是否良好，直接关乎孩子成长的各个方面。

然而，前庭器官并不像视觉、听觉那样具有外露的器官，因此前庭功能失调很容易被忽视，结果很多孩子或多或少都会受到前庭功能失调的困扰。如果家长能够通过观察孩子的日常行为表现辨别孩子是否存在前庭功能失调，并且及时采取针对性的训练措施，帮助孩子进行改善，结果可能就是另外一个样子。

前庭功能失调了，孩子会有哪些表现

第一类：前庭神经过度敏感

前庭神经过度敏感的孩子对移动和重力方向的改变会很紧张，总是感觉自己快要摔倒了。当别的小朋友快乐地蹦跳玩耍的时候，他们往往选择不动，而且会变得越来越焦虑，脾气越来越大。下面列举12种前庭神经过度敏感的表现：

1. 怕高。无法忍受一般人可以接受的高度，下楼梯时非常紧张，双手总是紧紧抓住扶手，从护栏往外看会非常害怕。

2. 讨厌双脚悬空。不喜欢坐高脚椅，也不喜欢被高高抱起，总要挣扎着下来。爸爸妈妈在身边可能会好一些，配合得时间长一点，但是时间一久就不行了。

3. 不喜欢游乐场里的大型设施，如荡秋千、滑梯、攀爬架、旋转木马等。

4. 警觉性很高。做事总是小心翼翼的，速度比较慢，不过往往能耐得住寂寞，但不喜欢去冒险。

5. 不喜欢跑步、滑雪橇、跳舞等体能活动。

6. 排斥感觉刺激。对于一般的动作会产生情绪化过度的反应，性格比较脆弱。

7. 不喜欢头朝下。例如，洗头的时候，只能把头向后仰。

8. 不喜欢爬楼梯。一上楼梯就会不舒服，经常需要贴着墙走或者抓紧扶手。

9. 容易眩晕。不管是坐公交、坐船、搭火车还是坐飞机都容易眩晕，严重的可能连乘坐电梯都无法忍受。

10. 常常需要被大人牵着手才能安心。

11. 比较任性，这类孩子控制欲比较强，凡事不愿意妥协。

12. 总是无法忍受动作上的改变，容易逃避。

第二类：前庭神经反应能力不足

前庭神经反应能力不足，也就是前庭神经过度迟钝。家长仔细观察会发现，这类孩子即使旋转很多圈也不会觉得头晕想吐，这是因为他们部分前庭神经没有发挥作用，对于输入的感觉刺激反应过低。这类孩子通常会因此导致左右脑之间的互通不良，以致身体双侧不够协调。下面，我们来详细了解一下前庭神经反应能力不足的孩子会有哪些具体表现。

1. 写反字。前庭神经反应能力不足的孩子，很容易把一些看起来比较相似的字母或数字等写反或写错，如 b 和 p、p 和 q、3 和 8、6 和 9。

2. 喜欢强烈的旋转运动。例如，喜欢在有滑轮的椅子上面晃来晃去，在跳床上蹦个不停，或者喜欢在转弯的地方追逐竞速，还有很多孩子喜欢坐过山车，坐很多次也不会头晕。

3. 喜欢冒险，喜欢找刺激。例如，骑自行车的时候，喜欢把车越骑越快，骑得越快越开心。

4. 喜欢从很高的地方往下跳。

5. 坐立难安。总是需要不停地动来动去，摇头晃脑，扭来扭去，摇头甩手，才不会觉得身体没处搁。

6. 喜欢被反转身体或者做倒栽葱的游戏，如倒挂在床上晃来晃去，或者趴着被摇来摇去。

7. 平衡感较差。容易摔跤，经常碰到家里的墙角、桌椅等物品。

第三类：前庭神经区辨能力不良

前庭相当于大脑的一个门槛，所有进入大脑的信息，不管是来自视觉、听觉、嗅觉、触觉，最终都要经过前庭的过滤筛选，把有用的信息输入进来，把无用的信息屏蔽出去，才会进入大脑。

如果前庭神经的区辨能力不良，就会导致大脑不能及时接收有效信息，如此一来，大脑输出的动作也就不正确了。这类孩子的外在表现有以下几个方面。

1. 容易失去平衡。例如，爬楼梯、骑自行车、踮脚走路、跳跃或单脚站立等，都容易失去平衡。

2. 身体不协调，动作看起来比较笨拙。

3. 经常会为一些鸡毛蒜皮的事把自己搞得紧兮兮。

4. 肌肉的张力比较低，总是给人松软无力的感觉。

5. 在做相对运动的时候，往往搞不清是自己在动还是对方在动。例如，坐火车的时候，另外一列火车从对面驶过来，孩子就分不清到底是自己在动还是对面的火车在动。

6. 辨别方向很困难，容易走错方向。

以上是前庭系统失调的外在表现，如果你的孩子拥有多种以上表现，就要引起重视，可以去专业的感统训练机构，给孩子做全面的感觉统合评估，并根据专家指导，进行相应训练。

当然，家长如果有时间和精力，也可以坚持在家里给孩子进行一些练习，孩子的情况一般都会慢慢地改善。

发展本体觉，增强孩子的自信

先来思考几个问题：为什么我们闭上眼睛，依然可以用手精准地指出自己的鼻子、耳朵等器官的所在位置？为什么上下楼梯的时候，不需要刻意地去看自己的脚，一般也不会踩空？为什么我们在驾驶汽车的时候，可以一边看前方的路况，一边控制脚去踩刹车和油门？还有，夏天有蚊子咬我们的时候，为什么我们可以看都不看，就准确地拍到蚊子所在的位置？

其实，这一切行为都依赖于本体觉。那么，什么是本体觉呢？

本体觉：后天形成的重要感觉统合系统

本体觉，就是我们人体的肌肉、肌腱、关节等在不同状态下（运动或静止）产生的一种感觉，因为产生的位置比较深，所以又被称为"深感觉"。当强大的触觉下沉，就会形成本体觉。因为它原本就是胎儿出生之后产生的第一层触觉系统，发展出了更多的分支和网络，而下沉的时候，在肌肉、肌腱、骨骼、韧带、关节等处形成的感觉结合，就形成了所谓的本体觉。

本体觉是触觉下沉的产物，因此也可以这样理解，如果一个人的触觉系统没有发展得很成熟，那么他的本体觉必然也会受到影响，从而形成不了成熟的人格。本体觉是我们对于自己身体的整体感觉，它可以帮助我们自觉或不自觉地感受肢体的空间位置，这样才可以对身体进行操控。

我们可以非常形象地理解为，本体觉就是存在于我们大脑中的一幅"感觉地图"。有了它，我们才能不用听、不用看，就可以对全身有一个准确的掌控，可以自然而然地做出本节开头的例子中的各种行为。

因为良好的本体觉可以让我们知道自己的身体和周围环境之间的相对位置，所以它对孩子的动作和学习有着非常深远的影响。例如，本体觉可以协助孩子建立正确的身体概念，让孩子正确地理解自己身体的各个部位。随着年龄的增长，从不断的跌跌撞撞中，逐渐发展出一种动作计划的能力。而动作是否表现良好，最终又将影响孩子自信心的建立。

本体觉失调后，孩子会有哪些表现

如果一个孩子不能通过肌肉、皮肤、关节等准确地感受刺激，那么就会造成本体觉失调。本体觉出现障碍，几乎都会伴随其他感觉系统的障碍。下面我们简要地说一说本体觉失调的表现：

1. 容易迷路，空间知觉能力不足，方向辨识能力较差。

2. 身体动作不协调，容易摔倒。

3. 运动的时候，对身体的掌控能力较差。比如跑步时，听到暂停的指令，不能及时停止。玩"一、二、三"木头人、老鹰抓小鸡这类游戏时，往往跟不上节奏，慢慢地就不喜欢活动和游戏了。

4. 坐姿、站姿不协调，也就是"坐没坐相，站没站相"。

5. 力量控制不好，比较容易弄坏玩具，写字没有章法。

6. 做事没条理，可能会出现语言障碍。

7. 特别怕黑。

如果孩子经常出现以上情况，家长需要综合地判断，看看孩子是否存在本体觉失调的问题，当然也可以去相关的专业机构进行评估。

本体觉三大功能，帮孩子增强自信心

第一，建立身体概念

身体概念就是刚才说的"感觉地图"，可以让我们不用眼睛去看就能知道自己的身体和手脚放在哪个位置，并且可以对环境中的其他刺激做出适当的回应。当在脑海中建立了良好的"感觉地图"，孩子就可以清楚地分辨身体的各个部位与周围环境物体的相对位置。比如跑步的时候，如果前面有一把椅子，他可以很自然地改变行动方向，而不会撞到椅子上。

通常，孩子在练习舞蹈的过程中，会模仿各类动作，这些对于建立身体概念都有很好的帮助。此外，还有一些小时候经常玩的游戏，对建立身体概念也十分有意义，比如捉迷藏，身体概念不好的孩子，经常会把头藏在暗处，身体和脚露在外面，自己还不知道。不过经常玩这个游戏，孩子可以从不断的练习中，学会把整个身体都躲起来。

第二，培养动作计划能力

当孩子发展出良好的身体概念以后，也就是说"感觉地图"已经绘制好了，同时也会发展出动作计划的能力。动作计划是指孩子在面对没玩过的新游戏时，可以借由过往的经验来组织计划，然后尝试用一些自己想出来的方法，来执行游戏中的动作。因此，当发现孩子在尝试一个新活动的时候，家长和老师要给予孩子足够的时间去尝试和学习，做错了没关系，让他重来一次，并且从简单的动作慢慢向复杂的动作、从熟悉的游戏慢慢向具有挑战性的新游戏去发展。

团体活动是培养孩子动作计划能力的最佳活动，比如我们小时候玩的跳房子、红绿灯、"一、二、三"木头人等游戏，家长在周末的时候可以带着孩子到公园，跟其他小朋友一起玩这类游戏。

第三，增强自信心

在动作学习方面，如果孩子比其他同龄小朋友慢的话，往往容易受挫。特别是大班和小学这个阶段的孩子，他们会比小班的孩子获得更多参加集体活动的机会。如果孩子动作学习能力比较差，在集体活动中往往在最后才被选中，在比赛类的活动中经常会输给其他小朋友。长此以往，会让孩子变得缺乏自信心，变得畏畏缩缩，甚至排斥集体活动。

例如，孩子在学校学会了一个舞蹈，回家给父母和小伙伴表演，既有内在成就感，也能获得外在的称赞。在这个过程中，本体觉发挥了良好的作用，就能增强自信心。反之，如果本体觉失调，同学们都学会了舞蹈，而他怎么都学不会，孩子的自信心就会受到打击。

因此，孩子在幼儿园和平时的生活中，最重要的是要学会照顾自己和在各种活动中表现自己，而不是很多家长误以为的提前让孩子多认识几个汉字、多数几个数。

以上，就是本体觉的三个功能。通常情况下，本体觉系统形成和发展从婴儿时期就开始了，比如翻身、滚动、爬行，这些都有助于孩子本体觉的发展。所以，我们一直提醒家长，不要让孩子使用学步车，也要避免整天将孩子抱在怀里，剥夺他自由活动的机会。孩子成长的早期缺乏翻滚、爬行等自由活动的机会，就会导致他们缺少后天本体觉的锻炼，必然会导致孩子在后期出现本体觉发展不佳和失调的情况。

像打排球、走平衡木、玩滑梯、跳绳、踢毽子、打羽毛球以及游泳等活动，还有孩子成长过程中生活自理能力的培养，比如用筷子吃饭、洗脸、擦屁股、系鞋带等动作，都可以对本体觉起到很好的强化作用。

怕就怕家长对孩子的期望过高，早早就安排了大量的认知性学习，以及绘画、练琴这种需要长期静坐的课程；或者对孩子保护过度，这也不让玩，那也不让碰，这样会剥夺孩子自由活动的机会。

还有些家长对孩子过分溺爱，让孩子在电视、手机等电子产品上花费过多的时间，占据了太多运动锻炼的时间，从而影响了孩子本体觉的发展。

视知觉空间，孩子学习的靠山

有些家长向我反馈，说自己家的孩子写字经常出格，对圆形、方形、椭圆等几何图形辨认不清，积木和迷宫游戏几乎都玩不了，有时候还会无意识地撞到家具。此外，还有对画画不感兴趣、模仿能力比较弱、注意力不集中、阅读的时候经常出现跳行漏字、无法专心读书、认字过程比较痛苦、抄写东西非常慢、不喜欢移动的东西等现象。这是什么原因呢？下面我就来具体讲一讲。

关于孩子的视知觉，你应该了解这些规律

前庭系统有三个核心功能：第一，它是人类大脑的门槛，起到了过滤信息的作用，孩子的注意力和抑制能力都跟前庭系统有很大关系；第二，前庭系统影响着我们身体的平衡和空间感；第三，前庭系统的两大学习功能——视知觉学习和听知觉学习，影响着我们的语言发展。

视知觉空间是人类学习的靠山。常言道"眼睛是心灵的窗户",这扇窗户的好坏,关乎儿童对世界的认知、获取知识、适应环境等方方面面。

孩子在2岁左右的时候,就可以把形状不同的木板放进相应形状的格子里;3岁的时候就能完全辨识圆形、方形、三角形等几何图形;到4岁的时候,就能认识六七种图形了;5岁的时候可以认清八九种图形。

一般来说,从4岁开始,儿童的视力已经得到了充分的发育,他们可以辨识事物的形状、色彩。视知觉是前庭发展过程中,同时也是儿童生长发育过程中重要的能力,也是人类学习活动中依赖最多的感官功能。我们每天从早上睁开眼睛一直到晚上闭上眼睛睡觉休息,视知觉都在时刻不停地工作,它包含视力、视觉聚焦、视觉追踪、颜色辨别、轮廓掌握、视野扩展等能力,以及平面与立体转化的能力,还有图像的创造能力、层次的辨别能力、视觉的预测能力和记忆能力等。

视知觉空间发展的成熟,是建立在前庭系统充分发展和眼部肌肉充分锻炼的基础上的。因为它不仅是单纯的视力问题,还是前庭系统中一个特别重要的能力,视觉空间感发展成熟,人们就可以准确地掌握自身和外界事物外形轮廓的位置、尺寸、距离等,以及分辨物体在外观上的细小差异,同时也可以在脑海中随着意念产生清晰的人、事、物的图像,从不完整的外观上推测出完整的形貌,在移动中对经过的环境中的人、事、物的位置和距离进行准确的感知。

视知觉空间发展不足会造成哪些问题

视知觉空间发展不足的人,抽象思维和空间的推演能力都会比较弱,语文、数学都学不好，因为想象力和联想力不够。数学的代数、函数都属于抽象思维，坐标和几何图形都属于空间的逻辑思维，这些都需要视知觉空间的想象力。视知觉空间发展不足的人，这些对他而言都是很难理解的知识。

视知觉空间发展严重不足的人，不能及时察觉和正确理解一些因自身视觉空间感不足导致的错误记忆和奇怪影像，很容易把这些被扭曲的记忆和影像当成事实。这样不但会造成自身的困扰，还会影响他人对自己形象的观感。

造成视知觉空间发展不足的原因，主要就是促进前庭系统发展的相关训练不足，比如婴儿时期的摇抱、逗玩或爬行等锻炼太少。小学阶段基本的跑跳滚爬等大肢体的运动不足，精细动作的技巧训练也不足。孩子看电视、玩手机、看平板电脑的时间太长，到户外亲近大自然的时间太少，活动空间太小，或者孩子过多地进行读写活动，参与的互动游戏太少，家长过多地保护……这些都会导致孩子的视知觉空间发展不足。

提前关注孩子的视知觉空间发展情况

如果孩子视知觉空间发展不足的话，2岁之后就会出现一些难题。比如容易摔跤，不小心碰到桌子等物品，或者遇到障碍物无法躲避。

孩子3岁左右就会出现视觉聚焦困难的现象，会不喜欢看书、看绘本，也不喜欢涂鸦，或者涂鸦的时候经常出格，无法描直线。

等到孩子4岁左右，会出现明显的看书跳行、漏字、写反字现象，或者站队列的时候无法对齐前面的人。

5岁之后，除了前面提到的所有视知觉空间发展不足的表现之外，孩子还经常会撞到别人或者桌椅等物品，玩游戏的时候常常无法接触或者无法躲过正面丢过来的抛接物，无法模仿老师画出简单的几何图形，也无法正常地数出没有排列整齐的人数。很多家长这个时候才会注意到孩子的行为异常，但这个时候已经错过了孩子视知觉空间最佳的发展期。

视知觉空间最佳的发展和训练期是在孩子4岁之前。

作为陪伴孩子成长的家长，应该特别注意避免容易导致孩子视知觉空间发展不足的行为。很多出现在孩子身上的问题，可能有先天的因素，但这些因素只是有一定的影响，更重要的是由后天的原因造成的。

比如家长不能理解孩子的行为，不喜欢孩子活泼好动。孩子有学习、求知的天性，这种天性在低龄阶段表现出来，可能是家长眼中的"捣乱"。很多孩子喜欢将家里整齐的东西弄乱，玩具到处丢，没有见过的盒子、箱子都要拆开，抽屉柜子都想翻翻。刚开始家长可能还有耐心做出良好的回应，但是三番五次之后就不耐烦了，然后就想办法转移孩子的注意力，给孩子玩手机、看电视等。

再比如，家长对孩子的保护过于"周全"。天气热不能出门，有风不能出门，天气冷不能出门，地上脏不让爬，怕摔了一直抱在手里……这些行为，等于让孩子与世界隔离。

生活中有不少这样的家长，是他们自己的教育方式方法，或者带孩子的行为导致孩子出现了视知觉空间发展不足等问题。与其等视知觉空间发展不足的问题出现，再去训练和治疗，不如提前做好预防。

发展听知觉，是孩子学习的保障

俗话说："只有听得见，才能说得出。"可见，听知觉的发展对于孩子的成长来说，是极为重要的。

只有听得见，才能说得出

听觉和人类的语言息息相关，听觉是人类界限最远的一种感觉器官，听觉和视觉被称为"高雅"的感觉接受器，因为我们在捕捉客观事物形象的时候，用不着跟这个事物去近距离接触，就可以获得相关信息。像我们的触觉需要去摸一摸，嗅觉需要凑近闻一闻，味觉需要尝一尝，这些感觉在捕捉信息的时候，需要近距离接触才可以。

而我们的视觉和听觉则不需要产生近距离接触，就可以获取信息。从接收客观事物形象的距离来看，听觉的距离也是最远的，味觉最近。如果按照灵敏度来排列的话，排在前两位的就是听觉和视觉，后两位是触觉和味觉，中间的是嗅觉。

人类通过听知觉与周围环境保持联系，听知觉是人类认识客观事物的基础。如果没有听知觉，我们就无法进行语言和思想的交流。

这里的听知觉包括听觉记忆、听觉联想、听觉辨识。和其他方面的教育是一样的，通过听知觉进行的教育与人类的语言关系十分密切。所以当孩子出现错误的时候，其实家长很难弄清楚，到底是孩子理解错了，还是自己没有表达清楚。

很多教育学家都认为，儿童语言表达能力的发展与对外部事物的理解是密切相关的。如果孩子没看过、没听过、没摸过、没感觉过，怎么能形成语言的概念呢？

所有语言形成之前，都得先有语言概念。人们通过身体的视、听、嗅、味、触各个感觉系统，跟外界客观事物接触。有了这种紧密联系，孩子就会对物体的物质属性产生一些了解。孩子了解了物质属性，又能听到对应的声音，慢慢才能有语言概念，然后才能形成语言。听知觉和这些信息统合在一起，让语言更加精准，更具有逻辑，更有利于孩子语言概念的形成。

所以，我们有充分的理由说明，儿童全部活动的成败，取决于语言掌握的程度。形成语言的前提，是我们身体的各个感觉器官能接收到相应的信息。声音在交际中极为重要，在孩子成长、接受教育以及学习的所有过程中，都有着举足轻重的作用。

目前，我们的教育方式基本以教师口述为主。老师们在课堂中表述出来的语言，传到学生的耳朵中，是目前最重要的教学方式。孩子如果听知觉不良，教学效果就会大打折扣。对于音乐、外语这些专业更是如此。

奇妙的耳朵

人类学习说话之前，在婴幼儿时期就已经能够分辨声音，比如爸妈的一声呼唤就会让他很兴奋、很激动，听到喜欢的玩具发出的声音就会让他手舞足蹈。

听知觉训练和视知觉训练一样，不是独立进行的。可能很多人认为，人们只在安静的环境中才能听见一些自己想听的声音，情况并不是这样的。人类的听觉是一种高度灵敏的感官，在嘈杂的声音中也能听见想听的声音。

听觉拥有辨识功能。教学过程主要通过老师口述和板书进行。学生听老师讲课、朗读课文，或者看老师在黑板上书写，这些都需要运用视知觉和听知觉。那些能够听得懂老师讲课，看明白老师板书的学生，往往学得比较好，通过考试的概率也更高。

如果从感觉器官的角度来看，仅仅使用视知觉和听知觉的教育方式，还不够全面。尤其是幼儿教育，更不应该忽视对于其他感觉的训练。对于幼儿来说，学会认识客观事物，不只通过触觉，还要给他们多开展一些控制性和运动型的活动，这同样是非常重要的。

在教学中，听知觉非常重要，因为老师以口头讲述为主，另外课内、课外的唱歌、朗读等活动，无一不需要听知觉的参与。研究发现，就课堂教学而言，用听知觉进行学习，甚至比用视知觉学习更重要、更直接。用文字写成的课文，我们只有将它读出来才能知道其中的含义，而听知觉接收外部传来的信息，并不会因为周围人发出的声音或动作就受到影响。

在辅助孩子进行听知觉训练时，我们可以借助以下方式来判断有没有效果：

1. 听到物体（比如球、罐头、木盒、纸盒、椅子、纸篓、书本、笔）落地发出的声音，能够迅速辨别出是什么东西。

2. 根据乐器（比如手鼓、笛子、小号、吉他）发出的声音，能够辨别出是什么乐器。

3. 根据声音，能够识别区分大钟、小钟、铃铛、喇叭等声音。

不会爬就会走，真的是好事吗

为什么在安全的情况下，自然分娩更好

很多家长会炫耀自己家的孩子"不会爬就已经会走了"。这个时候，我往往会问他一个问题："你的孩子是不是剖宫产？"基本上都能得到肯定的答复。

很多家长会困惑我是怎么知道的。接下来，我就讲一讲剖宫产孩子的一些行为表现。

这里先强调一下，并不是所有剖宫产的孩子都有问题，也不是说剖宫产的孩子有多不好。我只是把剖宫产的孩子比较容易出现的一些行为表现给大家介绍一下，仅供参考。

1. 剖宫产的儿童，不会爬或者爬行的时间较短。
2. 在 3 岁之前，没办法稳稳当当地走路。

3. 记忆力普遍比较好，父母忘记的事情，他可能记得一清二楚。"妈妈，这个地方我们来过""爸爸，之前你带我来这个地方玩过"……

4. 精力旺盛，特别爱动，长大之后会出现注意力不集中、好动不安等问题。我甚至见过一些孩子，早上起来动，中午动，晚上也动，睡觉的时候腿也一直在蹬，最后累得不行了才睡着。

5. 爱哭，胆小黏人，尤其是抗挫折能力较差。受一点儿委屈就会很伤心，家长还没开口，他就已经哭成泪人了，而且还边哭边找理由去辩解。

6. 部分孩子会出现语言逻辑障碍。

7. 有些孩子容易生病。我见过一些孩子，3岁之前，一到冬天就生病，上呼吸道感染、发烧、咳嗽，反反复复，一直不好。

8. 走路不平稳，平地摔跤，小腿上伤痕累累。

9. 有些孩子尿比较多，喝了水没一会儿就要上厕所，晚上容易尿床。

10. 出现最多的一个行为表现，就是很聪明，但注意力和专注力不够，身体的平衡感也容易失调。

以上就是我总结的剖宫产孩子容易出现的一些情况。这里需要说明的一点是，剖宫产是最安全的生产方式，但事实上，对孩子更合适的生产方式是自然分娩。所以，我一再呼吁，在不影响母体和婴儿安全的前提下，尽量选择自然分娩。现在，正规的医院都会建议准妈妈在各方面条件适宜的情况下进行顺产。

首先，剖宫产的孩子没有经过产道的挤压，这会造成生命中第一次最强烈、最有效，也是唯一一次触觉挤压的缺失。而自然分娩的孩子，能得到这样的洗礼锻炼。

其次，剖宫产的孩子是瞬间接触了地心引力，会造成重力安全感的不足，因此前庭平衡系统容易出现失调，引起注意力、学习能力、身体平衡能力、语言发展等多种障碍。自然分娩的孩子，是慢慢感受地心引力的，会适应这个过程，因而不太会出现上述问题。

最后，很多剖宫产的孩子容易生病，就是因为没有经过产道的挤压，出生的时候，没有把体内的废气、废物排挤出去，造成体质较弱。

对于剖宫产的孩子，家长应该花很多时间进行后天的弥补和训练，尤其是要关注孩子的学习、语言、注意力、身体平衡等方面的内容。那么，应该如何改善呢？

1. 坚持给孩子做按摩。剖宫产的孩子除了抚触按摩之外，还要增加挤压按摩。

2. 在 3 岁之后，给孩子进行前庭平衡的训练。

3. 注意饮食调理，尤其注重脾胃功能的调理。

4. 对孩子的情绪进行适当安抚和引导。

剖宫产的孩子一定会出现感统失调吗

有些家长会问，剖宫产的孩子一定会感统失调吗？这个是不一定的。但是和自然分娩的孩子相比，剖宫产的孩子感统失调的比例会高出许多。

因为孩子经过产道分娩的话，在限定的时间内，必须主动通过狭窄而弯曲的产道，孩子的头部、肌肤、胸部、腹部、关节等各个部位都会受到宫缩有节奏的、逐渐加强的挤压刺激和产道适度的物理张力的刺激，这些刺激信息会通过外周的感觉神经传输到中枢神经系统，经过大脑对这些信息进行分析、加工、整合之后，发出指令，孩子的整个身体会形成一个圆柱体，然后以最佳的姿势、最短的轨迹、最小的阻力，来适应产道各个平面不同的形态，最终顺应产道的曲线分娩而出。

换句话说，在顺产的过程中，孩子将接受最早也是最重要、最强有力的触觉、前庭觉和本体觉的体验和学习的过程。特别是头部受到挤压，激活了大脑的神经细胞，这也是宝宝第一次主动参与的感觉统合训练。可是，剖宫产的孩子这样的体验是完全没有的。他们完全是被动的，在短时间内就被迅速分娩出来，没有接触到这种必要的感觉刺激，他们的大脑和肌体发出的各种动作，都是没有机会进行整合与反馈的，失去了人生中最早的一次学习机会，特别是皮肤触觉被唤醒的时机也错过了。

但是，我在这里强调一下，家长不要因此而焦虑，并不是剖宫产的孩子就一定会感统失调，顺产的孩子就一定不会感统失调。许多顺产的孩子，也有可能在幼儿时期没有获得充足的学习体验，逐渐出现感统失调的现象。只是目前的研究统计数据告诉我们，剖宫产的孩子更容易感统失调。

事实上，剖宫产的孩子在成长的过程中，父母如果能够给予孩子足够的感觉刺激，弥补孩子先天的不足，那么孩子的感觉统合发展就会趋于良好。

现实情况是，受到社会大环境的影响，随着城市化、小家庭化发展，很少有剖宫产的孩子能够获得足够的感觉刺激。因为很多父母没有这方面的意识，也不懂得如何对孩子进行后天的弥补。

先天不足，按摩来补

家长们，尤其是剖宫产孩子的家长，一定要对孩子的感统发展给予重视。最好能通过专业的感觉统合测评，准确判断出孩子感统发展的状况。一旦发现孩子感统失调，一定要及时通过训练来帮助他改善和纠正，我们完全可以让孩子更健康、更自信、更快乐地成长。

感统训练通常是从抚触按摩开始的，家长一定不要轻视抚触按摩，觉得没什么用。抚触按摩的目的是对孩子进行后天的弥补，弥补因为剖宫产而导致的触觉刺激的缺失。

这里强调一点，如果我们的孩子在 3 岁之前，各种触觉刺激不足，就一定要按照我们所讲的，给孩子做抚触按摩。如果你的孩子是剖宫产，就更要认真、坚持不懈地给他做抚触按摩。这对孩子的注意力、语言表达、指令回馈等都有很大帮助，因为触觉系统是我们人类分布最广泛的系统，抚触按摩因此变得尤为重要。

你的孩子爬够 800 小时了吗

你的孩子爬够 800 个小时了吗？很多家长对这个问题可能不是很在意，他们觉得"孩子肯定会爬呀"，但是能爬多长时间，就不知道了。

在这里，我明确地告诉各位家长，孩子的爬行时间不能少于 800 小时。很多家长听到这个数据觉得这是不可能做到的，但这确实是有必要的，因为爬行有利于大脑双侧分化和专责化。

孩子在 1 岁左右的时候，是左右脑功能分化和专责化的阶段。1 岁之前，大脑的胼胝体发育尚未成熟，爬行会刺激胼胝体的发展，是促进大脑双侧功能分化的最好方式。

在爬行的过程中，左侧的肢体信息会输入右侧大脑，右侧的肢体信息会输入左侧大脑。所以，爬行是孩子的身体在进行比较强烈的双侧肢体刺激，这个刺激能够促进大脑皮质层中心沟的形成，并且促进大脑双侧分化的完成。

双侧分化，才能保证大脑各个功能区的专责化，孩子的身体因此才能得到大脑明确的指令，身体传递大脑的信息，也会被快速高效地解读和处理。如果大脑分化不良，专责化不够的话，孩子就会出现行为笨拙、听而不见、闻而不动的情况。大脑常常会模糊、混乱地指挥身体，孩子会出现不知道要干什么、该干什么、怎么去干的问题，因此特别痛苦。孩子的学习成绩不好，语言也会出现障碍，办事效率低，图像记忆能力差，逻辑思维能力差，推理、思考、判断的能力也比较差，原因就在于大脑双侧分化和专责化发育不良。

有的家长会说："我的孩子已经 4 岁了，不愿意爬怎么办？"正是因为孩子不愿意爬，我们才更要让孩子去爬，要设计很多的游戏引导孩子去爬。感统训练以游戏为主，通过游戏的方式，让孩子补足该有的刺激，连接起尚未连接的大脑网络神经。

只要孩子愿意去爬，在 6 岁之前，都可以让他多爬，这对于感觉统合有很大帮助。

发现孩子感统失调，越早练习效果越好

年龄越大，感统训练的效果越差

有相当一部分家长发现孩子感统失调之后，仍然不以为意。他们的想法大概是孩子长大就好了，事实果真如此吗？

显然不是。感统失调的孩子，不但不会自愈，反而会使身体的更多方面发展不足，在未来的成长道路上，会比其他人走得更艰辛。同样的事情，也许最终他们也可以去完成，也能学会，但是要比一般孩子付出更多的努力。

例如，学校组织表演，大家一起练习一个动作，其他人可能只要几遍就能学会，可是感统失调的孩子需要练更多遍才能成功。如果和大家做的遍数一样，动作一定没有别人标准。

再如，同样是听课，感统很好的孩子，可以非常自然地跟着老师的思路走，但是感统失调的孩子需要努力让自己集中注意力听课，尽管如此，依然很容易被周围的环境影响和干扰。结果就是老师讲的知识，他都没怎么听进去。课下需要花费更多的时间去补课。也许他也可以成绩很好，不过他总要付出比别人更多的努力。

认为感统失调长大就会好，这个观点就是在自欺欺人。还有部分家长在听说孩子感统失调之后，不采取行动，他们总想再看看孩子是否只是偶尔发挥失常。换句话说，他们不愿意相信，也不愿意承认自己的孩子跟其他孩子有什么不同。

家长要坚决放弃"鸵鸟心态"

难道家长自己不愿意面对，孩子的感统失调就不存在了吗？相反，因为自己的迟疑和不在乎，没有在第一时间对孩子进行感统训练，导致孩子错过了最佳训练时间，效果很可能不尽如人意。

在我们的测评中，几乎每天都会遇到这样的孩子，因为家长早期的疏忽，直到孩子上了小学，出现了学习障碍，才想到去纠正。但这个时候，孩子普遍都6岁以上了，已经错过了感统训练的黄金期（3～6岁）。这时，必须让孩子通过更长时间的训练，才能达到相应的效果。

不要认为我是在危言耸听。孩子年龄越大，感统训练的效果越差，这是有严格科学依据的，下面详细地说明一下。

感觉统合与人体的视觉、听觉、嗅觉、味觉、触觉、前庭觉休戚相关。它们交叉互动，加上人体的深感觉，也就是我们的本体觉等，也会随着活动的增多逐渐成熟和完善，最终所有的感觉系统一起把外界的刺激传递给大脑，促进大脑神经细胞突出的分支和连接，这样就促进了脑功能的成熟。

大脑与各个感觉系统一起协调作战，实现感觉统合运作，我们才有能力独立自主地生活，与人交往、相互合作等。但是，所有感觉系统的发展，都是随着年龄的增长而减弱的。换句话说，1岁的孩子身体优势其实是最强的，然后是在3岁前，往后是6岁之前，再往后是12岁之前，最后就是在20岁之前。

就可塑性而言，2岁的孩子不如1岁的孩子，3岁的孩子不如2岁的孩子……等到孩子成年，他的大脑网络已经大部分被连接和固化了，想产生新的链接，形成新的脑网络，就需要改变原有的能力、习惯、情绪等，可以说是难上加难。

所以，家长一定要替孩子抓住时机，千万不要错过黄金期，这是"生命之窗"。错过了就永远错过了，想要弥补，就要花费大量的时间和精力。如果不去弥补，孩子的很多能力就发挥不出来，他也会因此相应地付出更多。

过了黄金期，感统训练还有效果吗

好多孩子在发现问题的时候已经错过了 3～6 岁的感统训练黄金期。更有一些家长，在孩子七八岁，甚至十来岁，学习出现问题、性格出现问题、人际关系出现问题时，才会想到帮助孩子去改善。很多家长会问，这个时候做感统训练还有效果吗？毕竟孩子已经这么大了。

答案是肯定的，别说是孩子，就算是八九十岁的老人，只要进行训练，也会有效果，这是毋庸置疑的。除了 0～6 岁是孩子感觉统合发展的最佳阶段之外，6～12 岁也是孩子感觉统合的调整期。在这个时间段内，如果通过足量有针对性的感统训练，有可能大大弥补孩子在之前感觉统合方面的不足。过了 12 岁，孩子脑网络的链接大部分已经固化，想要再通过感觉统合训练调整，就必须结合非常强大的意志力，才能有明显的效果。

所以，虽然孩子已经错过了 3～6 岁的黄金期，但只要父母能够痛定思痛，及时训练弥补，孩子的改善依然指日可待。但是，孩子毕竟是错过了黄金期，所以他必须更加努力，花费更多的时间、采用更具有针对性的训练，才能达到预期效果。

最后，强调一点，不管孩子是否已经错过了黄金训练期，一旦发现感统失调，应该做的就是立刻给孩子进行正确的感统训练。因为孩子的感统失调，不会随着成长而自动消失，如果家长还不尽快通过感统训练帮助孩子改善，只会给孩子带来更大的伤害。

后期给孩子进行感统训练，就是在给孩子"补课"，因为孩子在6岁之前，家长缺的课太多了。我们要通过更多的努力，帮助孩子把这些"坑"填平。

各位家长请记住，只要训练就一定有效果，只是时间长短的问题。无论多大年纪，从根本上讲都是要坚持。

孩子走路总摔跤，怎么改善

很多孩子走路、跑步或者进行其他活动时，脚步是虚浮的，头重脚轻，经常平地摔跤，身上也是青一块紫一块的，尤其是小腿上伤痕累累。明明看到前面有障碍物，可还是撞了上去。在人群中奔跑，刹不住，也不会闪躲，结果不断撞到别人，总是防不胜防。

如果是因为路面湿滑、凹凸不平等原因造成孩子摔跤，可以说是事出有因，情有可原。但是很多家长发现，即使在正常的环境中，孩子也经常无缘无故地摔跤。我们接下来就从儿童感统发展的五个方面，跟大家详细解释一下导致这个问题的原因。

肌肉的张力和骨骼的支撑力不足

骨骼是帮助人体维持姿势平衡的重要结构，肌肉是帮助人体变换姿势的重要结构。骨骼越强壮，身体的支撑力就越强，身体就越能够维持平衡的姿势，而肌肉包裹在骨骼的外面，负责控制骨骼的屈伸活动。肌肉的张力越强，对肢体姿势变化维持的能力就越灵活、越持久。

孩子在成长的过程中，如果没有获得均衡的营养，缺少锻炼（尤其是缺少户外活动），会导致身体需要的营养（包括感觉刺激等）供给不足。这样的话，孩子的肌肉张力、骨骼的支撑力可能就会不足，孩子自身的能量就无法准确有力地控制身体和四肢的姿势，因而走路容易摔跤。

这种情况如何改善呢？

1. 家长需要帮助孩子建立良好的饮食习惯，改掉孩子偏食、挑食的毛病。

2. 带孩子多开展户外活动，多给孩子提供走路的机会。

3. 让孩子多晒太阳。这样既增强了孩子对钙的吸收，又增强了孩子的肌肉张力和骨骼支撑力。

4. 多设计一些爬行类的游戏，对孩子是非常有益的。

5. 经常给孩子按摩，也十分有效。

前庭刺激不足，肢体平衡能力差

如果孩子的前庭刺激不足，导致大脑无法正确、迅速地对外界环境刺激做出良好的反应，那么身体当然就无法取得大脑的正确指令，做出协调的动作，因而很容易摔跤。

这种情况应如何改善呢？

父母在家可以多给孩子一些改善型的措施。例如，3 岁以下的孩子，可以让他进行爬行、旋转、摇晃等活动。3 岁以上的孩子，可以在这个基础上增加跳跃、攀爬、感受速度类的游戏等。

视知觉空间发展不足

在孩子的爬行敏感期内，如果没有获得充足的爬行体验，就特别容易出现视知觉空间发展不足的情况。

视知觉空间发展不足的孩子，往往会因为掌握不好自身和环境中人、事、物相对的距离、方向和位置，而有眩晕的感觉，导致摔跤。比如视觉聚焦能力不足的孩子，常常会因为无法看清人、事、物的位置，导致上下楼梯时容易踩空，或者即使看到了前面有障碍物，结果还是硬生生被绊倒。

这种情况应如何改善呢？

3 岁之前的孩子，家长要让他把之前没有做的功课补上。让孩子多去爬，同时进行适当的旋转、摇晃等相关训练。

超过 3 岁的孩子，除了爬行以外，还要增加跳跃、攀爬等运动。视觉的追踪训练，如舒尔特方格，这样的训练也是必不可少的。

眼球不灵活，孩子的视觉广度不够

如今，电子产品已经逐渐成为孩子的玩伴，但是这些高科技产品会阻碍孩子视知觉的发展。特别是长时间地看手机、玩电脑，会让孩子的眼球变得不灵活，视觉广度也会因此变得很狭窄，导致他们对外界环境的差异观察力不够，容易出现因为注意不到障碍物或者坑洞，经常被绊倒的问题。

这种情况应如何改善呢？

针对这类孩子，父母要注意控制孩子看电子产品的时间。

完全不看也不太现实。毕竟孩子也需要汲取知识，拓宽视野。而且，完全不看会在一定程度上影响孩子的交往能力。例如，别人家的孩子聊的一些动画人物和情节，咱家的孩子完全不知道，就容易受到排挤。

鉴于此，家长要注意一个原则，就是孩子能不看就不看，能少看就少看。3岁以下的孩子每次不要超过半小时，一周看一到两次。3岁以上的孩子，每次不要超过半小时，一周三次左右。看完电视之后，还要带着孩子一起做一些有关眼球运动的训练，比如眼保健操等。

此外，建议家长每天都要尽量带孩子去参加户外活动，让孩子多看看外面的蓝天、绿树，这对于缓解孩子的眼疲劳有着非常好的效果。

本体觉发展不成熟

本体觉是感觉系统结合的结果。人的任何一个神经系统发展不良，发展不成熟，都会影响到本体觉的发展。

走路不稳，经常无缘无故摔跤，就是本体觉发展不良的典型表现之一。本体觉发展不良的孩子，身体协调能力和控制能力都不好，很难做出适合的动作，导致容易摔跤。

这种情况要如何改善？

针对这类孩子，家长要多给孩子做抚触按摩，帮助孩子打通全身神经的通路。另外，要多带孩子做攀、爬、滚、蹦、跳和旋转挤压等训练活动，锻炼身体的灵活性和协调性。

本体觉是后天锻炼的结果。虽然孩子在成长的过程中，摔跤是不可避免的，但是摔跤的次数如果太频繁，绝对不是什么好现象。这可能代表孩子的感觉统合状态不太好，不利于孩子在日后应付更多的日常活动。

所以，对于剖宫产、爬行不足、父母限制过多、户外活动太少，同时经常摔跤的孩子，家长一定要注意，及早帮助孩子改善，避免给孩子的未来成长带来更多的负面影响。

孩子爱吃手、咬指甲怎么办

孩子为什么爱吃手

你的孩子是否经常不由自主地把手指放进嘴里，用力吸吮？有些孩子手指都被口水浸泡得发白了，手指甲也被咬得光秃秃的，甚至有的孩子会趁家长不注意的时候，对其身体的某个部位猛咬下去。

吃手这个行为，每个人都会经历。小到刚出生几个月的婴儿，大到已经上学的学生，甚至有的成年人在想事情或者紧张的时候，都会不由自主地吃手、咬指甲。

为什么会出现这种现象呢？孩子吃手会不会伤害到自己的手呢？

现在就从感觉统合的角度解释一下孩子吃手甚至爱咬人的原因是什么。

我们都知道，触觉是遍布全身的，孩子爱吃手、爱咬指甲、爱咬人，这是口腔内部获得触觉刺激的学习过程。只不过同样是吃手，2岁以内的孩子和2岁以上的孩子初衷是完全不同的。

2岁以内的孩子本身还处于原始触觉敏感期，系统都还未打破，后天稳定的触觉系统还没有完全建立，出现吃手的现象属于正常的学习方式。在这个过程中，孩子可以由口唇敏感期进入手敏感期，开始真正用手去探索世界的阶段。家长在保证卫生和安全的前提下，不要过度限制和阻挠。等到孩子获得满足之后，他便可以安全度过这个阶段，以后也不会再出现类似的情况了。

如果在孩子2岁之前，父母没有很好地满足他吃手的需求，就很容易导致他的口唇敏感期被大大地延长或推迟。只要孩子口腔触觉体验不足，在以后的日子里，就有可能重新捡起吃手的习惯，并且进行自我弥补，以求摆脱之前在这方面的缺失。所以，我们会看到很多孩子上了幼儿园之后，依然会有吃手、咬指甲的习惯，甚至咬别的小朋友。

孩子吃手、咬人，该怎么办

对于2岁以内的孩子，家长只要不过多地干涉，让孩子用嘴巴把该品尝的东西都品尝过，他自己就能够顺利地度过这个敏感期，不再吃手。

需要重点帮助的是没有顺利度过口唇敏感期的孩子。对于这类孩子，我们必须进行足够的口腔触觉刺激，让孩子把先前缺失的这种体验全部补回来。

具体怎么去补，给大家三点建议。

第一，给予孩子自我弥补的权利

对于口腔触觉体验不足的孩子，最简单的干涉方法就是不干涉。换句话说就是我们要在保证安全和卫生的前提下，允许孩子把之前缺失的体验一一找回来，包括吃手甚至是咬人。等到他们得到满足之后，家长所担心的现象自然而然就会消失。

很多家长会纳闷，孩子天天吃手就这么让他吃吗？天天咬人就这样让他咬吗？我们可以换个角度来思考这个问题，你不让他这样做，这就永远是一个隐患。不过，还有其他的辅助措施，这就是接下来要讲的第二点。

第二，多让孩子咀嚼一些坚韧的食物

例如，豆干、牛肉干，让孩子多获得这种强烈的触觉刺激体验，孩子才能及早地获得满足。

第三，多给孩子做口腔按摩

例如，刷牙，用一些干净的纱布伸到孩子嘴巴里做一些牙龈的按摩。注意，如果有异物进入口腔，孩子会出自本能地抗拒，所以家长一定要注意安全，千万不能强行给孩子进行口腔按摩和挤压，避免让孩子处于自我保护的意识状态下，咬伤我们的手指。在这个过程中，如果发现孩子有任何不适，一定要及时停止，要按照孩子的接受程度来控制按摩的时间和频次。

人类的嘴巴不仅是用来进食的。在最初的时候，它甚至肩负着唤醒我们身体其他部位、打开外界大门的责任。所以，满足孩子口唇敏感期内的触觉刺激至关重要。如果因为外在原因，导致孩子口唇敏感期无法顺利度过，家长要第一时间给孩子进行弥补，争取在最短的时间内，帮孩子顺利补上人生中的这一缺失。这样可以避免孩子在以后的人生中，造成更严重的吃手或者咬人的不良习惯。

最后，再强调一点，系统地挤压按摩，对改变习惯至关重要，所以对孩子进行抚触按摩也有利于帮孩子顺利度过口唇敏感期。

孩子为何一转就晕

有家长和我反馈，自己家的孩子不喜欢旋转类的游戏，一转就晕，不仅害怕旋转还怕高，怕坐电梯，怕玩秋千，好像所有位置变换的活动都会给他带来深深的恐惧。后来专业老师对孩子进行系统评估后，发现孩子属于前庭抑制功能不良。

什么是前庭抑制功能不良

侦测地心引力是前庭系统主要的功能之一。正因为有这样的能力，我们的身体在做各种活动时，才能及时调整头的方位，以保持身体的平衡。与此同时，前庭系统还具有调节功能。如果外界的刺激太多，前庭系统就会发挥抑制功能，自动过滤掉过多的刺激；如果外界刺激太少，又会发挥促进作用，主动扩大传输神经的通路，让信息更多地输入。

如果孩子在母体内溜胎——孕期准妈妈通过活动带动胎儿在子宫内

轻微撞击，给胎儿做触觉训练——不足，或者出生的时候缺氧和头部受伤，又或者婴儿时期（3个月龄之后）缺少摇抱，幼儿时期爬行不足，户外活动不足等，都会导致前庭抑制功能受到影响。

前庭抑制功能不良，孩子就会吸收大量、过度的前庭刺激。孩子因此会害怕旋转，怕高，怕跳跃，怕摇晃，一旦摇晃或者旋转，孩子就会出现恶心、呕吐的情况。

不仅如此，因为害怕爬高、跳跃和摇晃，这类孩子经常处于一种如临深渊、如履薄冰的紧张状态。这会导致他的注意力不集中，情绪不稳定，个性比较固执，他们总是以自己感觉安全的方式从事活动。另外，他们总认为自己不可能做好一件事情，所以往往不肯与人合作，导致他们在学习、人际互动、情绪和行为等多个方面都表现得不太理想。

父母应该如何去帮助孩子

对于前庭抑制功能不良的孩子，应该多去鼓励他们进行有前庭刺激作用的活动。这个前提是给予孩子充分的安全保障和心理支持，并且能够依照孩子可接受的前庭刺激范围，从少到多，缓慢地增加刺激。千万不能操之过急，否则就会适得其反。因为前庭刺激过度，可能会导致前庭抑制过度，同样也是不好的。

前庭系统在受精卵形成九个星期后开始运作，这个时候胎儿所感受到的前庭刺激，主要是通过母亲身体活动（子宫里羊水的晃动）所产生的。建议孕妇在怀孕期间要经常保持正常的生活节奏，如走动、坐车、做家务，只要不是特殊情况，就要保持适量的运动，要有意识地溜胎。

在溜胎的过程中，要注意慢慢地摇晃，不要急走急停、激烈地上下走动。在保证孕妇安全的前提下，可以适当地做一些旋转、摇摆等活动。如果孕妇担心流产，行动受限或者需要长期卧床，也可以每天坐在摇椅上轻微摇晃，上午、下午各一次，每次 10～20 分钟，这样可以补充胎儿的前庭刺激。

对于早产儿，可以把宝宝放在摇篮里，每天轻轻地摇晃三次，每次半小时，剖宫产的儿童也可以。即使是正常出生的孩子，在 3 个月之后每天的摇晃也是必不可少的（3 个月之前只能轻轻地摇晃）。否则，孩子先天基础虽然好，但是如果前庭刺激不足，在日后同样可能出现前庭抑制功能不良或者过度的情况。

在孩子爬行敏感期内，一定要让孩子爬行的时间足够，也就是说 800 小时不能少。大量的爬行有利于孩子前庭系统的发展。即使过了 6 岁，如果发现孩子前庭抑制过度或者不足的情况，让孩子进行爬行类的活动也是非常有效的。

另外，对于前庭刺激反应过低的孩子，家长平时可以引导孩子去参加骑木马、坐电动玩具车、滑滑梯、荡秋千等活动。让孩子尽可能获得丰富的前庭刺激，帮助孩子的脑部前庭系统传导能够正常化，以保证孩子的感觉信息输入时，该抑制的抑制，不该抑制的不要抑制。

最后，再提醒一点，针对前庭刺激的训练非常不容易掌握。如果家长感统知识不过硬，最好不要自己给孩子进行训练，而是要交给专业的感觉统合训练机构来训练，以便孩子获得适当的、有针对性的训练。

第二部分

一

提高孩子的学习力和
社会适应力

02

孩子分不清相似的文字怎么办

很多小学生家长经常会听到老师说这么一句话："你家孩子啊，其实挺聪明的，就是太粗心了。"

这时，家长往往会产生两种情绪：一种是窃喜，认为孩子遗传了自己的优良基因，"聪明着呢"；另一种是认为孩子欠"收拾"，这么简单的题都不会。

但是，很多家长不知道的是，孩子在学习上犯的这些错误，不仅仅是粗心、不认真这么简单，极有可能是他们的视知觉空间发展不足造成的。如果家长自欺欺人、不管不问的话，孩子的学习成绩就很难提高。

孩子成绩不好，很可能是由于视知觉空间发展不足造成的

俗话说"眼睛是心灵的窗户"，它也是我们了解世界的窗户。

我们通过这扇"窗户"，可以准确地判断自身和外界事物的外形、轮

廓、尺寸、比例、空间方向、相对位置和距离，以及彼此之间外观上的细小差异。同时，还可以在脑海里，随着意念产生清晰的人、事、物的场景图形。甚至可以从不完整的外观推测完整的形貌，包括在移动的过程中，我们也可以对所经过的环境中的人、事、物固定的位置、距离做出准确的感知和掌握。

这一切的前提，都是我们视知觉空间能够发展良好。如果视知觉空间发展不足，结果就完全相反。

例如，有的孩子2岁之后经常摔跤，常常不小心碰到桌子上的物品，或者踢到本来可以闪躲的东西。

有的孩子在3岁左右的时候，开始出现视觉聚焦困难的现象。他不喜欢、也不能看绘本和故事书；涂鸦总是出格，无法描实线。

有的孩子在4岁左右的时候，就开始出现明显的看书跳行、漏字，写反字，b、p不分等情况。

有的孩子在五六岁的时候，除了上面提到的这些行为障碍之外，还经常会撞到别人，玩游戏时无法接住或躲避从正面迎来的抛掷物，不能正确地模仿老师画出的几何图形……

同样都是在父母的关爱下长大的，为什么有的孩子没有这种情况，有的孩子就会视知觉空间发展不足呢？

造成孩子视知觉空间发展不足的原因，主要是父母对于孩子做出的促进前庭发展的相关训练不足。例如，婴儿时期摇抱很少，爬行锻炼很少，会走之后到小学期间大强度的运动不足，精细动作和技巧训练不足，等等。

还有的父母，让孩子看手机、电视、平板电脑等电子产品时间过长，户外活动较少，活动空间过小。还有，让孩子过早地进行读写活动，与同伴互动的时间过少，家长保护过度，等等。总之，孩子主动使自己的身体进行多元活动的时间太少了，就容易出现视知觉空间发展不足。

如何帮助孩子发展视知觉空间

0～1岁的孩子视知觉空间发展能力训练，大部分需要借助大人的口语和动作的配合。例如，举起孩子的左手，就要在口语上提示他"这是左手"；举起孩子的右手，就要告诉他"这是右手"。家长要注意自己的口语表达，避免对孩子说"来这边""去那边"。相反，即使孩子非常小的时候，我们也要注意正确的方位词，如告诉孩子"到前面来""到后面去""向左边靠一点""向右边靠一点"。

1～2岁的孩子，可以适当地带他玩一些稍微复杂的小游戏，如捉迷藏、拼七巧板。还有带孩子去散步，也可以促进孩子视知觉空间的发展。散步也是有技巧的，比如我们常常走的路，在走的时候可以跟孩子讲"我们在左边转一转""我们在右边转一转""我们从前面左转"，或者在某个标志物旁边跟孩子说"我们要在这里等一下"，给他一个方位感的提示。

2岁以上的孩子视知觉空间发展能力训练，都可以在日常生活中进行。可以带孩子做一些促进视知觉空间发展的游戏，如"套套杯"，让孩子把杯子一个个地套起来；或者给孩子提供一些组合玩具，如积木、拼图、组合模型等。此外，还可以让孩子进行连线、涂色之类的活动。

最后强调一点，视知觉与前庭觉关系密切，眼睛也是属于前庭的感官，所以想要促进孩子视知觉空间的发展，有关的前庭训练是必不可少的，比如旋转、摇晃、震荡、急停等训练。不过，一定要掌握好力度，既不要不足也不能过度，不然很难达到理想效果。

孩子语言表达能力差，如何改善

很多家长关心孩子说话晚的问题。

"孩子 2 岁了，为什么还不会说话？""孩子说话时表达不清楚，急得直哭，怎么办呢？"……我经常收到类似的询问。

孩子的语言能力差，父母应该怎样做呢？

如果你的孩子有以下情形之一，就要注意了：

1. 孩子说话语言逻辑混乱，文不对题，答非所问。

2. 孩子不说话，无论是面对认识还是不认识的人，就是一个字都不说。

3. 孩子自言自语，家长不知道他在说什么。

4. 孩子什么都知道，什么都明白，就是着急说不出来。有时候急得打自己，又哭又闹，家长也跟着揪心。

注意，以上这几种情况，父母首先要看看是不是生理原因造成的。如果孩子存在生理方面的缺陷，如舌系带发育不正常，这种情况需要通过就医来解决。

排除生理原因之后，我们就要找出问题根源，然后有针对性地解决问题。

你的孩子是否有语言障碍

我们可以通过以下方式对孩子的语言状态进行一个简单的评估。

1. "吹"。看看孩子能否把气球吹大，如果孩子很小，只要把气球稍微吹起就可以了。在这个过程中注意观察孩子。有些孩子满嘴跑风，有些孩子不会吹，不会用力，有些孩子使了很大力气都吹不起来。也可以吹蜡烛（注意安全），看看孩子是不是怎么吹都吹不灭。家长可以把这些外在的行为表现一一记录下来。

2. 旋转。把孩子抱起来旋转，一般左转20圈，然后右转20圈。旋转完成后，立刻看孩子的眼球是否有震颤。如果有，要看是上下震颤还是左右震颤；还有震颤的时间长短，是转完之后震颤立刻就消失了，还是一直震颤不停；或者孩子震颤了一会儿，几秒钟就停了。这些都要记录下来。如果你不知道怎么看震颤，那就看孩子晕不晕，如果一转就晕，或者怎么转都不晕，又或者转了一会儿才会感觉晕，这些也都要记录下来。

3. 伸舌头。让孩子把舌头连续快速伸出五次以上，速度能多快就伸多快，能伸多长就伸多长。家长注意记录孩子是否能完成这个动作。

4. 制造噪声。孩子在专注做一件事情的时候，如在玩积木、画画、看动画片时，父母在孩子的耳边制造一些噪声，如拍手、手摇铃等。声音不要太大，然后注意观察孩子有没有被这个声音吸引。是完全没反应，还是一响就被吸引，或者响了一会儿才有反应，这些都要记录下来。

5. 对视。家长跟孩子进行眼神对视，看孩子是否能完成这个动作。对视时眼睛不能乱动，记录对视的时间。

以上几点，如果孩子无法做到或者做得不好，不用着急，只需要把这些数据记录下来，然后统一咨询医生或者专家，他们会有针对性地解答。

孩子说话晚，怎样改善

孩子说话晚的原因有很多，父母想要替孩子改善，需要注意的地方也各不相同。

第一，孩子的能量不足

我们发现很多语言系统出现障碍的孩子，整个人都没有精气神，站无站相，坐无坐相，好像没睡醒或者没吃饱，总是软绵绵的状态。

每个孩子出生以后，都需要两种营养，一种是食物的营养，另一种是神经系统发展需要的刺激。这两种营养任何一种不足，都会导致孩子身体的能量不足，内在的引擎没有被点燃或者没有被激活，会引起孩子能力发展滞后等一系列问题。孩子在语言方面会表现出无力关注外界信息，或者无力做出任何反应。即使是周围的人与他说话，孩子接收到的信息也是非常有限的。他没有足够的能量，也就没有意愿、没有能力做出反应。

如果孩子确实存在能量不足的问题，想要改善其说话晚等语言障碍问题，一定要及时给孩子进行能量补充。不仅是食物的能量，还有感觉的刺激，从而促进孩子神经系统发展的成熟。

第二，口腔触觉体验不足

语言是从嘴巴里发出来的，所以口腔触觉的发展对于语言的发展影响非常大。孩子出生后三到五个月，会进入口唇敏感期。这个阶段，孩子很喜欢吃手，拿到一个东西就往嘴里塞，持续的时间比较长。如果这个时候父母对孩子粗暴地进行阻止，就会造成孩子的口唇触觉体验不足，导致孩子在未来的成长过程中，容易出现流口水、吐字不清、挑食偏食以及语言系统出现障碍等现象。

所以，孩子说话晚，语言系统出现障碍，父母要回忆一下，在孩子口唇敏感期内有没有让他安稳地度过。如果没有，就一定要再次给予孩子口腔触觉体验的弥补，比如让孩子多刷牙，可以用一些纱布缠绕在手指上，对孩子的口腔进行抚触按摩。

第三，听觉刺激不足

我经常说，只有听得见才能说得出，语言的发展与听觉系统的发展息息相关。孩子在小的时候，听觉器官相当脆弱。如果他居住的环境中，存在比较高分贝的噪声，他的身体就会出于一种保护自己的机制，主动屏蔽这些信息。结果孩子的语言输入信息非常少，就会影响日后语言系统的发展。反之，如果孩子小时候所处的环境太过安静，很少有人和他对话互动，或者孩子经常长时间地看电视、看手机，同样也会导致语言系统障碍。

要想让孩子的语言系统恢复正常，一定要注意避免噪声对孩子的伤害，同时也要给予孩子充足的、正确的听觉刺激。可以多让孩子听一些明快干净的儿歌，可以给孩子多讲故事，增强与孩子的互动，让孩子回答一些简单的问题，复述故事的一些概况等。

第四，语言概念不足

一般的孩子在 2 岁左右，语言发展非常快速，会很爱讲话，对新的词语吸收和利用都非常快。不过，这种正常语言发展的前提是有语言概念的输入。例如，"这是杯子"，这就是一个概念的输入，具体杯子有多少种类，可以让孩子通过自己的感觉记忆去感受其中的不同。如果没有给孩子提供足够的语言概念或者提供了太多、太杂的语言概念，孩子就容易出现一些语言障碍。例如，大人问的话孩子似懂非懂，回答时词不达意；年龄在增长，语言能力却没有多少进步；逃避与他人交流；等等。

所以，家长一定要注意，在孩子开始讲话的时候，要重视语言概念的输入，避免没有经过具体的名词的输入，就直接过渡到短句甚至是长句的输入，这样会导致孩子理解有困难。如果已经发现孩子说话晚，想要帮助这类孩子改善状况，家长需要给孩子提供一个过渡的阶段，要从简单的语言概念开始，给孩子进行普及，千万不能操之过急。

第五，家长代劳

孩子几乎不开口，慢慢就不会说话了。现在很多家长对孩子都是代劳过多，让孩子衣来伸手、饭来张口，不费多少力气就能获得所有的帮助。结果孩子失去了这种语言表达的需求，也失去了说话的机会，因此出现说话晚等语言系统障碍。

父母要想改善这类孩子说话晚的问题，就要避免出现代劳过多的情况，不要对孩子限制得过多，要给孩子提供充分的说话机会，让孩子说出自己的需求。这是最简单、最有效的方法。

第六，感统失调

人体是一个复杂的机器，感觉统合是人体能力发展的基础。我们所有的行为，都需要依靠整体完整的感觉统合支持，语言表达也是如此。

感统失调会影响孩子各项能力的发展，而语言能力的发展对于感觉统合能力的依赖是最强的。

首先，可能是因为孩子前庭系统失调，导致信息无法正常地输入给大脑，大脑接收的信息是杂乱无章的，所以孩子的语言表现出来就是杂乱无章、语无伦次。其次，可能是孩子大脑双侧分化不良。大脑分为左右脑，分工是很明确的，大脑双侧分化不良会导致语言系统难以被激活。

通过感统训练，可以提升孩子整体的感觉统合能力，孩子的语言发展自然也会得到提升。

语言是人际交往的重要工具，孩子的语言发展水平，对他未来的发展至关重要。如果家长发现孩子说话晚，一定不要忽视，越早干预效果越好。

孩子口齿不清，怎么改善

孩子"zhi""zi"不分，"g""h"不分，口齿不清晰，说话费神又费力，这种情况应该如何改善？

构音器官的生理缺陷

我们平时说话，看似很简单，很自然就能做到，其实过程很复杂，需要嘴唇、舌头、咽喉和肺部的协调联动才能实现。其中任何一个环节出现问题，或者彼此之间的协调性出现问题，尤其是当构音器官存在生理缺陷的时候，比如舌系带过紧、过短、唇腭裂或者咬合不正等情况，就比较容易出现口齿不清的情况。

关于生理因素造成的口齿不清问题，首先必须改善构造的缺陷，才能从根本上解决。例如，舌系带过短，可以通过手术来改善。

要注意，孩子发音不准，很少是因为舌系带很短造成的。建议家长一定要带孩子到正规医院请专业的医生诊断。

口腔肌肉锻炼不足

有些家长对孩子过度溺爱，让孩子长期吃流食，或者添加辅食比较晚、比较少，都会导致孩子口腔肌肉张力不足。总的来说，是因为缺乏锻炼造成的。

这个问题，通过适量有针对性的训练可以有效改善。比较简单的方法是进行咀嚼训练，可以让孩子吃一些坚韧的食物，如牛肉干等。孩子要是不爱吃这类食物的话，可以选择吹气训练，在家里让孩子吹气球、吹面粉、吹蜡烛、吹乒乓球等。还可以做发音器官的肌肉张力训练，让孩子每天坚持念一些特殊的发音，如"啊""呜"等。坚持一段时间，就可以得到有效改善。

听觉系统出现问题

孩子在1岁左右，会进入一个语言的关键发展期，叫作语言敏感期。这个阶段，孩子的听觉系统会起到至关重要的作用。一旦他们的听觉系统因为外伤、患病受到损坏，导致孩子听不准这个音，就无法正确地去模仿。等到发音学习阶段，就会受到影响，出现口齿不清的问题。

针对这种情况，家长要通过尽快就医的方式来帮助孩子改善，因为只有听得见才能说得出。只有让孩子的耳朵输入正确的原始信息，嘴巴才能说出优质的语言。

语言环境不佳

孩子学说话的主要途径是模仿，如果孩子周围的成人说话含混不清，那么孩子的说话很可能也是含混不清的。因此，大人在说话时，要尽量保证口齿清晰，给孩子做个好的示范。

有的家长自己说话没问题，但是他们对孩子过于娇惯，任由孩子娇滴滴地说话。长此以往，就形成了不好的习惯，同样不利于孩子的语言发展。

对于这种情况，家长一定要正确引导孩子，对孩子一些不良的说话习惯及时进行纠正。

总而言之，孩子口齿不清的原因有很多，家长要找到真正的原因，对症下药，帮助孩子改善。切不可自以为是，胡乱操作。

如果家长无法判断孩子究竟是什么地方出了问题，一定要找医生或者相关的专业人员进行咨询。

孩子为什么总是不应声、不理人

"健忘"的丁丁

有个孩子叫丁丁（化名），7 岁了，平时别人喊他，很多时候他听到了，但就是不理，这让他的妈妈和老师都很头疼。平日里，丁丁也是一直心不在焉、丢三落四的样子，经常一回到家就忘记了老师布置的作业，去学校又忘记带文具……

我经过调查了解到，丁丁是顺产，婴幼儿阶段爬行量充足，从小也是由妈妈亲自抚养的，各方面身体发育正常，看起来并没有什么引起他感统失调的显著原因。这是怎么回事呢？

进一步了解后，我终于找到了原因。原来，丁丁在 1 岁之前，为了能够给他提供一个安静、舒适的环境，爸爸妈妈很少看电视、听音乐，甚至连说话声音都压得很低。另外，妈妈为了照顾丁丁，特意请了长假，在家里照顾孩子，几乎包办了丁丁所有的事情，把每件事都安排得井井有条。妈妈本身就性格比较内向，不爱说话；再加上她认为孩子小，什么都不懂，几乎很少和丁丁交流，丁丁也很少会被提要求，很少接受指令。

后来1岁多的时候，妈妈给丁丁请了保姆。保姆恰恰又是一个寡言少语的人，丁丁接受到的听觉刺激十分有限。因此，丁丁的听觉神经网络没有得到充分的刺激，他对声音的反应才会特别迟钝，给人"听而不闻"，没有指令回馈的感觉。

我在前文多次提到，"只有听得见，才能说得出"，所以，听知觉发展不良的人，语言的发展多半也不会太好。

果不其然，在后续的了解中，我们发现丁丁在上小学之前，他的语言能力都是较弱的，当时家里人不怎么在意。没承想，现在竟然会给他的生活和学习带来这么多不利影响。

其实，不只丁丁的家人，现在很多家长都不知道，孩子在出生时，就已经具备了丰富的脑神经细胞。在孩子成长的头六年里，感觉系统必须接受到丰富的环境刺激，才能为大脑传递足量的感觉信息，从而促进大脑的发展，实现大脑功能的不断成熟。

如果孩子出生之后，在刺激不足的环境中成长，不但不会促进脑神经的链接，还会导致原本很多不稳定的链接慢慢消失，尤其是6岁之后，从而影响孩子智力和潜能的发展。

所以，再次提醒家长，不要总是觉得孩子什么都不懂，只要让他吃好睡好就行了。在孩子早期的成长过程中，各种各样的外界刺激和食物提供的营养是同样重要的，只有为孩子提供丰富的成长环境，让他们触摸到不同的物体，品尝到不同的味道，闻到各种气味，看到不同的色彩，才能真正丰富他们的脑神经网络链接，为其一生的能力发展打下坚实的基础。

不理人的豆豆

有一个小男孩叫豆豆（化名），4岁多。最开始家人带着他找我咨询的时候，他跑来跑去，妈妈喊什么他都听不见，老师让他做什么也不配合。通过询问了解到，在幼儿园里，他也是只顾自己，不管别人说什么他都不理会，每天忙个不停，动个不停，让妈妈很头疼。

豆豆是剖宫产，妈妈带养的方式也比较保守，而爸爸的陪伴还很少，有时候一周也陪不了一次。妈妈一个人带着孩子，不知道如何和孩子交流，也没给孩子做系统的按摩。结果孩子的触觉太敏感，导致孩子前庭神经系统出现障碍，既不能正常接收信息，也不能正常地传递信息。前庭神经系统是大脑输入信息的一个门槛，如果门槛坏了，孩子就会不听指令，疯狂地自我弥补，只顾玩自己的。

经过三个月的训练，豆豆的前庭神经系统功能慢慢恢复，开始接收和处理信息了。

两个案例，一个7岁的丁丁，一个4岁的豆豆，他们出现问题的根本原因都是父母平时给予的刺激不足。

孩子3岁之前，在保证安全的前提下，该让他闻就闻，该让他摸就摸，该让他碰就碰，该让他摔就摔……只有通过这些行为持续地刺激，才能促进脑神经网络的链接和发展。

推荐几个训练听知觉的方法

"听一听，拍一拍"

给孩子讲个故事，让他听到某个词的时候，立刻拍一下手。例如，给孩子讲灰姑娘的故事，当讲到"王子"这个词的时候，让孩子立刻拍手。通过这种方法训练孩子听动协调的能力。

"数一数"

父母可以跟孩子一起从 1 数到 100，爸爸每次数一个数，妈妈数两个数，孩子数三个数。如爸爸数 1，妈妈数 2、3，孩子就数 4、5、6，然后爸爸数 7，妈妈数 8、9，孩子数 10、11、12……也可以从 100 到 1 倒着数。家长可以根据孩子的能力调整游戏的难度。

听声辨位——"啊，在哪里"

让孩子戴上眼罩站在客厅中间，家长走到角落里发声，让孩子用手指出声音的方向。

"听听这是什么声音"

可以提前录制好一些不同的声音，如汽笛声、狗叫声、倒水声、关门声、风声、脚步声等，播放给孩子听，让他来分辨。或者录一些孩子喜欢的动画片里人物的声音，让孩子说出是谁在说话。

除了以上游戏，家长还要特别注意控制孩子看电视、玩手机的时间。因为孩子听多了电子产品的声音，对真正的人声敏感度就会下降。

还有一些家长喜欢对着孩子唠叨，殊不知时间一久，孩子就会产生听觉疲劳，渐渐对家长的声音失去反应。

因此，家长一定要摆正心态。面对孩子"听而不闻"的情况，家长千万不要着急，不要用很大的声音去吵孩子。因为我们人脑有一种防御机制，你越大声地斥责孩子，孩子大脑屏蔽信息的能力越强，所以家长一定要学会控制自己的情绪。只有简单明了、和声和气地和孩子沟通，孩子才能愿意听，才能给出指令回馈。

深度挖掘孩子胆小、爱哭的原因

在我们生活中，经常会看到有以下特征的孩子：

1. 胆小，不爱说话。

2. 遇见陌生人就躲到家长身后。

3. 经常躲到角落里一言不发。

4. 不敢上台自我介绍或者表演节目。

5. 怕黑。

6. 怕与妈妈分开。

7. 怕打雷，怕巨大的声响（我甚至见过一些孩子怕冲马桶的声音，尤其是高铁卫生间里的马桶，因为冲水的声音比较大）。

8. 怕虫子、怕小动物。

9. 性格比较懦弱，内向害羞。

10. 常常被人欺负，也不知道怎么处理，不敢还手。

11. 遇事经常大惊小怪。

12. 经不起挫折，抗挫折能力差。

13. 眼泪特别多，动不动就哭。

是什么原因造成孩子出现这些现象的呢？

孩子胆小、爱哭的五个原因

1. 孩子的生活圈子太小了，特别是老人带养的孩子，出门少，接触的人少。一旦他们进入一种陌生的环境，就会缺乏安全感。

2. 家长对孩子事事包办，限制过多，就会导致孩子缺乏实践经验。孩子自主的能力弱，依赖性就很强，不敢参与到活动中去。

3. 家长经常吓唬孩子，比如"你再哭，就让老虎把你吃掉"。这样孩子就会失去安全感，变得胆小懦弱。

4. 家长脾气暴躁，动不动就对孩子发脾气。这让孩子越来越胆小，越来越谨小慎微。

5. 家长看不到孩子的闪光点，总是否定孩子，让孩子越来越不自信。

孩子胆小、爱哭的深层原因

孩子胆小、爱哭，还有一个被很多家长忽略，但又非常重要的原因，那就是触觉敏感。一些孩子在成长的过程中，触觉体验不足，如剖宫产的孩子，未经产道的挤压，没有获得第一次最重要的触觉体验。出生之后，获得的父母长辈的关心爱护，特别是母亲的关心爱护又不够，父母的限制包办又过多，不允许他参加户外活动，不许玩水、玩沙、玩泥巴，导致孩子没有丰富的触觉体验，这些都会导致他们触觉体验匮乏。

触觉是整个大脑神经通路的基础，如果触觉体验匮乏，人体的神经通路就不通顺，很多能力就达不到，孩子就容易畏惧退缩，显得胆小、爱哭。此外，触觉体验匮乏，还会导致孩子先天敏感的触觉系统无法被打破，后天稳定的、先进的触觉系统无法建立，他对于外界所有的感觉都特别敏感，反应会特别强烈，到陌生环境里，只要一丁点儿刺激就会让他感觉不舒服，然后以哭闹的形式进行对抗。

怎样让孩子变得积极勇敢

家长都希望孩子性格坚强、积极勇敢，那么，怎么培养出一个积极勇敢的孩子呢？或者面对胆小又爱哭的孩子，家长应该怎么办呢？接下来分享一些方法。

不要过度溺爱孩子

社会的快速发展，给每一个家庭带来的改变很大。例如，生活条件的改善，现在与 20 年前相比，可以说是翻天覆地。很多家长在自己的成长过程中，并没有享受到优渥的物质条件，家庭教育也比较粗放。而现在条件好了，就想将自己缺失的补偿给孩子，对孩子无微不至地呵护，甚至是无条件地溺爱。一家人围着孩子转，要什么给什么，孩子什么都不用自己做。特别是孩子一哭，就有求必应。

这样的做法，存在两个弊端。

一是会让孩子失去锻炼的机会，使孩子能力发展不足。孩子小的时候，并不觉得是问题。当他慢慢长大，比如在幼儿园，发现别的小朋友能自己吃饭、上厕所，会唱歌、跳舞，而自己不会的时候，就会很有挫败感，感觉什么都不如别人。孩子慢慢就会不合群，心里也会自卑。所以父母要鼓励、教导孩子做事情，让孩子学会自己的事情自己做，自己堆积木、收拾玩具，自己拿椅子、凳子，自己上下楼梯等。这样不仅能培养孩子的动手能力，也能培养孩子良好的性格。

二是会让孩子学会并且习惯用哭闹的手段来达到目的。家长在家无条件地顺从孩子，那么他在外面也会觉得别人顺从他理所应当。与别的小朋友玩，看上别人的玩具，得不到的时候，就会哭闹。父母只好去跟别的孩子商量给他玩一下，满足他的要求。长此以往，孩子就只知道用"哭"来对付别人。对于这种情况，父母要与家人达成共识：拒绝孩子无理的要求。当然，不能强硬地拒绝孩子，要有策略。例如，孩子要小伙伴的玩具，那么家长应该教会他自己去跟小伙伴交换玩具，并约定怎么归还。如果小伙伴不允许，家长要教孩子学会尊重别人的意愿。总之，就是让孩子明白一个道理，哭闹不能解决问题。

尊重孩子的意愿，不要替孩子做主

很多家长总觉得孩子小，不顾孩子的意愿，喜欢替孩子做主。例如，给孩子买衣服，家长觉得白色不耐脏，孩子又容易弄脏衣服，就买深颜色的。但是孩子喜欢白色的衣服，对家长表达了意愿之后，家长依然置之不理。再如，买玩具，孩子非常喜欢玩具车，家长又觉得家里的玩具车已经很多了，直接给买了玩具小熊。

孩子会有自己的喜好和想法，如果总是得不到家长的认同和满足，慢慢就会变得没有主见、胆小内向了。

家长要学会尊重孩子的意愿，多倾听孩子的想法。可能孩子有时候不能准确表达出自己想要什么，或者提出的想法不合理，家长也应该有耐心和善的态度，与孩子进行有效沟通。

多鼓励和倾听，减轻孩子的恐惧心理

孩子毕竟年龄小，对一些事情有恐惧心理，这是很正常的。例如，听到狂风呼啸的声音，孩子害怕很正常。这时候，家长一定不能说"你怎么这么胆小"之类的话，这样只会伤害他，更容易导致孩子胆小自卑。家长应该跟孩子讲明白事物的原理，然后鼓励孩子勇敢跨越内心的恐惧。

家长经常积极鼓励孩子，他会更有信心去面对问题。

另外，倾听也很重要，孩子并不是天生胆小，很多孩子胆小可能跟经历有关。我们要去理解孩子情绪背后隐藏着什么。

例如，有些孩子不愿跟大人们在一起，也讨厌喊人，很多时候都是大人与他相处的方式有问题。开始只是有人觉得孩子可爱、漂亮，与他逗乐。孩子不喜欢这样的交流方式，表现出一定的抗拒。越抗拒，别人越觉得有意思，每次见到都要逗一下。次数多了，孩子就会害怕不熟悉的人，从而导致孩子懦弱胆小。

一般孩子经历一些让他们觉得害怕的事情时，都会跟家长哭诉，因为家长是他们最为信赖的人。这时候，作为家长的你，一定要认真倾听，观察孩子的表情与情绪，从孩子的角度出发考虑问题，及时有效地帮孩子解决问题。不要觉得孩子小题大做，从而给孩子留下心理阴影。

不能吓唬、打骂孩子

很多家长经常吓唬孩子。有时候是无心的，比如爸爸给孩子买蜘蛛玩具，想锻炼孩子胆量。结果当孩子打开礼物盒的时候，惊喜变成了惊吓，从此讨厌爬虫类动物。有时候是教育方式不对，比如对孩子说"再不回家，就把你丢在外面""再哭，人贩子听到把你抓走""不吃菜就把你送给那个老奶奶"等。这些事情多了，都会让孩子变得胆小。

另外，很多家长喜欢动手打孩子，秉持老一套的"棍棒底下出孝子"的教育观念。这种简单粗暴的打骂教育手段，并不能让孩子明事理，只能让孩子害怕。若是从小打骂孩子，孩子对父母的惧怕就会在心里扎根，慢慢影响到性格，今后遇事就怕，胆小懦弱。

所以，有些家长应该改变自己的教育观念，不吓唬、打骂孩子，多多鼓励孩子，这样孩子才会自信乐观，积极向上。

教孩子正确面对失败

有些孩子胆子小，本质上不是怕做某些事，而是怕失败。例如，老师问孩子愿意给同学们唱一首歌吗？孩子摇头。其实在家里唱得很好，但是怕唱不好，就摇头拒绝。

这种情况，大多数是家长教育的问题。有的家长对孩子的期望太高，事事要求孩子争第一。孩子虽然很努力，但还是不能让家长满意。久而久之，孩子就没了自信，觉得自己做不好事情。还有一些家长，总跟孩子说别人家孩子怎么怎么样，有让自己家一个孩子挑战天下所有孩子优点的意思。这样不仅不能激发孩子的好胜心，反而让孩子觉得自己怎么努力都比不过别人，自然就会自卑内向。

这个问题的本质，是家长不切实际的要求，让孩子不能正确面对失败。因为他从来都是失败的，没有成功。

家长应该让孩子明白，不要怕失败，只要努力学习，就会成功。家长自己要看到孩子的努力和进步，也要让孩子知道自己虽然一次次失败，但是每一次都在进步。

家长要给孩子制订科学的方案：将整体的目标拆分成阶段性的小目标，并帮助孩子一个个去攻克。当小目标陆续完成，总的目标就会成功。慢慢地，孩子就能树立起自信心。

不要给孩子贴标签

人都是会变的，我们成年人如此，孩子更是这样。所以家长不要觉得孩子内向，就认定孩子胆小懦弱。孩子有些内向是正常的，也是可以慢慢改变的。如果家长给孩子贴上了胆小懦弱的标签，特别是逢人就说"我们家孩子胆小"，那么想要让孩子自己变得积极勇敢，是非常困难的。

最后，我们不能只给孩子提要求，也要严格要求自己。孩子非常善于模仿，所以，家人的言谈举止对孩子来说影响巨大。家长的一言一行，都会影响孩子的性格。家长平时表现得自信乐观，耳濡目染之下，孩子也会更加乐观、坚强。

如何将孩子养成"谦谦君子"

有位家长跟我说，"我们家孩子生气的时候会打人，高兴的时候也会打人。在家打爷爷奶奶，出门打小朋友"。还有的家长跟我反映，他们的孩子一边打人，一边摔东西，甚至不只打人，还咬人。对于孩子的这些暴力行为，很多家长头疼不已，担心这样会影响孩子的成长。

孩子没超过 2 岁，如果有打人、咬人的现象，家长不必太紧张。如果上述行为发生在 2 岁之后，那家长就要注意了。

拆解孩子的心理，解决孩子"爱打人"的问题

为什么孩子爱打人呢？原因往往是多方面的，我们需要一一去拆解，有针对性地解决问题。

第一种情况：孩子的目的就是要引起家长的注意，不愿意受冷落

2 岁是孩子自我意识高速发展的阶段，他们会特别在意妈妈或者其

他人有没有注意到自己。当他发现自己被冷落的时候，往往就会用哭闹、摔东西、打人等异常行为来吸引别人的注意。特别是当孩子发现妈妈注意力都放在别人身上的时候，他就会用最直接、最有效的方式来挽回妈妈的爱。

针对这类捍卫主权、给别人脸色看的孩子，家长可以让孩子参与到和别人的互动中来。例如，鼓励孩子给客人表演自己的才艺，让客人观赏孩子的手工、涂鸦等作品，让孩子成为大家关注的焦点，孩子就没有工夫去捣乱了。

第二种情况：误会了家长的称赞

很多时候宝宝打大人是无意识的。如果大人为了逗弄孩子，故意引导和强化这个动作，如哈哈大笑，夸赞他手劲大、做得好等，就会让孩子产生打谁谁高兴的错觉。孩子的表达方式是比较容易固定的，一旦养成打人的习惯，想要改的话就不太容易了。

对于这类孩子，家长可以教他们一些正确的情感交流方式，如亲吻、抚摸、击掌、拥抱、握手、贴脸颊等都可以。反应快的家长也可以在孩子刚举手准备打人的时候，转移他的注意力，如和他击个掌。另外，当孩子打人这种行为出现时，家长可以按住孩子的肩膀，严肃而平和地对他说"爸爸妈妈不喜欢打人的宝宝"，这也不失为一种有效的制止孩子暴力的好方法。

此外，家长还要淡化打人这个词。有些孩子属于"人来疯"，越说他越兴奋，打得越开心。当你淡化处理以后，他会觉得这个事情没意思，慢慢也就忘记了。

第三种情况：尝到了打人带来的甜头

有些孩子可能通过一次无意识的打人行为，发现了打人的好处。例如，发现打人可以让其他小朋友服从他的指挥。因此，他会频频使用打人的手段，来获得大家对他的认可，从而养成打人的习惯。

对于这类孩子，家长和老师要正确引导，告诉孩子打人带来的威信是不可靠的，是不长久的，人家并非真心敬畏你。想获得别人的尊重和喜爱，最好的办法就是提升自己，增强自己的本领，通过真正的能力来征服对方，让对方心悦诚服。

第四种情况：触觉过于敏感

触觉过于敏感的孩子，对外界的信息刺激反应是特别强烈的。别人可能只是轻轻碰他一下，孩子却无法忍受，觉得受到了攻击，就会采取打人、咬人的方式进行对抗。他就像惊弓之鸟，害怕陌生的环境，爱吃手、咬指甲，过分依赖父母，挑食偏食、暴饮暴食，情绪不容易控制。

针对这类孩子，可以采取一些正确的抚触按摩。按摩是改善孩子脾气暴躁非常有效的方式，它能从根本上解决孩子触觉敏感、触觉防御过度等问题，一般按摩不能少于 3 个月。另外，还可以经常抚摸宝宝，洗澡时用沐浴球给孩子搓澡，洗完后用吹风机给孩子吹身体等。也可以经常带孩子去参加户外活动，让他们多多去接触沙土、泥土、水等，缓解他们暴躁的情绪。当然，家长也可以带孩子在专业的感统训练中心，进行触觉减敏的训练，这也是保险而有效的方法之一。

正所谓"人之初，性本善"，孩子的心灵都是纯洁的，他们不会无缘无故地打人。只要家长教养方式得当，他们个个都可以是讲文明、懂礼貌的好孩子。一旦孩子出现打人的问题，只要细心观察，找出具体的原因，再施以教导，就可以帮助他们逐渐步入正轨。

孩子不愿洗头和理发，怎样应对

对于很多家长来说，给孩子洗头或者理发简直就是一场浩劫。全家人连哄带骗，可小家伙就是不上当，一边撕心裂肺地哭闹，一边拳打脚踢，使出浑身解数，疯了一样地逃跑。

有没有什么比较好的方法，彻底制服这些"熊孩子"，或者去帮他们改善一下呢？答案是肯定的。

孩子为什么不喜欢洗头和理发

孩子不喜欢洗头，原因主要有以下几种：

1. 水温不太合适，太烫或者太凉。

2. 淋浴喷头的水冲击力太大，让孩子感觉到疼痛或者不舒服。

3. 孩子怕洗发水进入眼睛里。

4. 家长抓头发抓得比较痛。

孩子不喜欢剪头发，原因主要有以下几种：

1. 孩子的本能反应，他看到明晃晃的剪刀，可能会感到害怕。

2. 孩子害怕理发师，因为是陌生人，孩子可能觉得理发师很凶。

3. 碎发掉到皮肤上，让孩子感觉很不舒服。

4. 理发器材声音太大，增加了孩子的恐惧。

不管是不喜欢洗头发，还是不喜欢理发，都是因为孩子的触觉比较敏感，对于外界的感觉刺激反应太过强烈，这才是孩子一再抗拒的内在原因。那么，我们应该怎样面对呢？

如何解决孩子洗头难的问题

1. 稳住孩子的情绪。大部分孩子不喜欢洗头发，是因为他们之前有过相当不愉快的洗发经历。所以，一定要提前和孩子沟通好，稳住他们的情绪，减少他们对洗头的抗拒，这是非常重要的。例如，在洗发之前，可以对孩子说一些赞美的话："宝宝，你什么都懂，还讲卫生，真棒！"可以通过这种表扬来刺激他们主动洗头的意愿。

2. 调好水温。这个水温不是以大人的感知来衡量的，而是根据孩子的感觉来判断。一般来讲，37 ~ 38 摄氏度的水温是最合适的。

3. 选择一些卡通的喷头或者小茶壶、小水壶等代替。为了避免水流太猛，冲在孩子娇嫩的头皮上面，有条件的家庭可以选择儿童专用的卡通喷头。如果没有，也可以用一些小茶壶来代替，只要温柔一点就可以。

4. 选择一些优质的洗发水或者洗头帽。就算是大人，眼睛里进了洗发水也是非常痛苦的。为了不伤到孩子的眼睛，要给孩子选择一些适合儿童的洗发水，或者做好防护工作。

5. 用指肚给孩子抓头。有些妈妈指甲很长，给孩子洗头的时候一顿狂抓，孩子不舒服，下次就不让再洗了。用指肚给孩子抓头，只要洗干净就行了，可以一边洗一边和孩子沟通，揉一揉、按一按孩子也会很舒服。

如何解决孩子理发难的问题

1. 在理发之前，我们可以给理发师一个玩具或者糖果，让他递给孩子，这样可以增进他跟孩子之间的感情。

2. 当孩子理发的时候，我们可以转移他的注意力。孩子怕剪发，无非是怕剪刀和陌生人，心里有压力。我们可以用一些食物和玩具、动画片转移他们的注意力。

3. 做好防护措施，防止碎发掉进脖领里，并且及时清理。

4. 选择噪声小一点的理发器具，家长可以和理发师事先沟通。

如果你采取了所有措施，都无法降低孩子对洗发、理发的恐惧，那么就要提醒你，孩子的触觉太敏感了。

他们的外在表现是害怕理发和剪发，但他们内在的原因是触觉太过敏感，这会影响到孩子未来的注意力、人际关系甚至情绪控制的能力。我们要做的就是给孩子进行多元化的触觉刺激，最重要的是给孩子做按摩，坚持 3 ~ 6 个月，孩子将会有很大改善。

解决"不合群"问题，
让孩子成为"社交小达人"

每个幼儿园或多或少都会有几个这样的孩子：老师一说玩什么游戏或做什么活动，他们都会立刻向后退缩，坚决不参加。老师一问为什么，他们的回答往往是"我不会""我不敢""我害羞""我不喜欢"或者"没意思"，还有的孩子连回答都没有。不管老师怎么讲道理和鼓励，他们就是不为所动。

这是为什么呢？难道真的是这些孩子比其他孩子笨吗？

答案显然是否定的。这类孩子之所以不喜欢参加、不愿意参加集体活动，其实有很多更深层次的原因。接下来，我就从感觉统合的角度来讲一下孩子不合群的原因。

第一，孩子说"我不会"，这意味着身体的操作能力欠缺，很多人喜欢把"不会"和"笨"画等号，这种做法失之偏颇。

"不会"确实意味着孩子在某些能力方面存在欠缺。幼儿园里的活动都需要孩子从头开始学习。如果孩子的本体觉发展比较差的话，身体的协调性、灵活性可能都会比其他孩子稍微差一点。

反过来讲，身体操作方面的能力，也是本体觉方面的能力，这些都是可以通过后天的锻炼逐渐增强的。只要孩子多锻炼，重复练习，任何之前不会的活动都可以逐渐学会，也就是说根本不存在"不会"这一说。

第二，孩子说"我害羞"，这意味着触觉敏感，不喜欢被接纳，不喜欢被接触。有些孩子特别不喜欢在别人面前表现自己，他们的父母常常说孩子性格比较内向，其实这样的孩子并不都是内向所致。也有一些孩子在家比较活泼外向，但只要一出门，面对陌生环境和人，他们的安全感就降低了，警惕性就提高了。

这就是我们说的触觉敏感。因为孩子不太喜欢被触摸或抚摸，而大部分集体活动都是相互之间有接触的，所以孩子不喜欢，比较抗拒。

第三，孩子说"我不喜欢"，这意味着孩子的环境适应能力比较差。有些孩子不喜欢幼儿园的集体活动，甚至不愿意去幼儿园，多半是因为幼儿园不像家里那么随便、自在。在家里可能是衣来伸手、饭来张口、养尊处优的"宝贝"，在幼儿园的集体活动中，就失去了这种优越感，变得跟所有小朋友一样的待遇，孩子就会产生一种强烈的心理落差，所以在短时间内无法接受。

尤其是对于自理能力差、人际交往能力差的孩子，以及前面提到的身体操作能力差的孩子，还有存在感统失调问题的孩子，他们跟不上其他孩子的节奏，就会有更多的不喜欢、不适应，自然也就更难融入集体生活中去。

第四，孩子说"没意思"，这意味着对社会性的活动不感兴趣。有些孩子说幼儿园的集体活动没意思，对他来说有意思的是手机、平板电脑、电脑等电子产品。不要说孩子，就是成年人对这些电子产品也是欲罢不能，根本无心参加任何形式的集体活动。

我们都知道，电子产品不但会伤害孩子的眼睛，还会影响孩子的前庭神经系统发育，让他们出现注意力不集中这类感统失调问题，严重的还会影响他们的社会性发展。例如，有些孩子听惯了电子产品的声音，对于生活中真正的人声反应就会变得没那么敏感。久而久之，他们对于社会性交往的兴趣就会大大降低，他们的社交能力自然也会下降，更别说参加集体活动了。

由此可见，孩子不喜欢参加集体活动，真的没有一般人所想的那么简单，他们给出的每一个理由的背后，都有更深层次的原因。家长们如果不够细心，不能及时发现并帮助孩子解决这些问题，他们的社交以及其他方面的能力就会受到影响。反之，如果家长能够及时发现问题，同时能够积极调整教育方案，如限制孩子看电子产品的时间，多带孩子出去走一走，参加适量的感觉统合训练活动，帮助他们摆脱这种困境，孩子们一定会很快发生改变，并且开始热爱集体活动，变成活泼开朗、人见人爱的"社交小达人"。

孩子聪明，成绩却很差，怎么办

孩子的学习成绩几乎是每个家长都关心的头等大事。但是，每个班级几乎都有成绩不理想的孩子，是这些孩子太笨了吗？

给他们做智力测试，会发现智商并没有什么问题。那么，为什么这些孩子学习成绩不理想？

另外，针对成绩不理想的孩子，有什么好方法呢？

说到学习成绩，大家首先会想到的是学习态度、学习方法等。这些都很重要，但这大多是表面的因素。实际上影响孩子成绩的内在因素，除了智商，还有孩子的感觉统合能力。因为关乎感统能力发展状态的各大感觉系统，均是影响这些表面因素的关键所在。

触觉和学习的关系

触觉是人体分布最广泛的感觉系统，它负责为人体辨识周围环境，为大脑输入大量的感觉信息。因为从胚胎时期开始，它就与神经系统联系在一起，所以它对于人的情绪状态影响非常大。

如果孩子的触觉过于敏感，他可能每时每刻都比其他孩子接触到更多的触觉信息，就会导致他的大脑经常处于过分忙碌的混乱状态，下达许多无用的指令信息，这会导致注意力不集中，容易分神的状态。如此一来，他的学习效率必然大打折扣。

触觉敏感的孩子情绪控制能力差，抗挫折能力差，这也会影响到他的学习状态。家长们想一想，孩子在学习的时候，总是无法保持积极乐观的心态，怎么会有好的学习效率呢?

视知觉和听知觉对学习的影响

视知觉和听知觉对于学习的影响是不言而喻的，因为眼睛和耳朵是人类学习生活中最依赖的感官。而且并不像很多人认为的那样，视知觉只包含眼睛的视力，听知觉只包含耳朵的听力。

视知觉和听知觉的功能是非常多的。以视知觉为例，它包含视觉的聚焦、视觉的追踪、视觉的记忆、视觉的预测、视颜色的辨别、层次的辨别、轮廓的掌握、平面到立体的转换、视野的拓展、图像的创造等多种能力。只有具备良好的视知觉功能，才能在日后的学习中不容易出现写字出格、无法描直线、阅读跳行漏字、写反字、抄写比较慢、看一个写一个等学习障碍。

因此，视知觉和听知觉作为孩子对于学习内容的输入口，对他们学习效率的影响非常大。

前庭觉对学习的影响

前庭觉是大脑的门槛，所有感觉信息，都需要经过它的过滤筛选才能进入大脑。在所有的感觉系统中，它对知识消化的影响是最大的，它决定了孩子刚刚吸收的哪些知识是有用的，需要牢记，哪些知识是无用的，拒绝放行进入大脑。

此外，前面我们已经说过，不只是学习信息，其他所有的感觉信息都会通过前庭的逐一筛选，所以它同样影响了孩子的专注力。如果孩子的前庭抑制功能不良，把大量没用的信息传入大脑，孩子就很容易做很多跟学习无关的动作。

本体觉对学习的影响

本体觉对于孩子学习能力的影响也是非常大的。比如孩子手眼协调能力，影响了他们抄写的速度，孩子的身体控制能力决定了他在课堂上能否安静地坐立，认真地听讲，而不是动来动去，做各种小动作。

由此可见，如果孩子的各种感觉系统发展不理想，就会导致他们整体的感觉统合能力不理想，那么他们在学习过程中就容易遇到各种各样的学习障碍，并最终影响到他们的学习成绩。

家长们关注孩子的学习能力，不能只是追求表面的影响因素，如辅导功课、给孩子制订学习计划。如果将孩子比作一辆车，孩子的学习能力是车速的话，感觉统合能力就相当于发动机。

家长不应该只关心孩子的学习成绩，更应该关心孩子的身体成长情况。没有天然缺陷的话，孩子的条件都是差不多的，没有"生而知之"的人。如果家长看重孩子的学习成绩，就应该从孩子成长的细节上做好功课。例如，孕期的准妈妈要适当走动；孩子出生以后，要多给宝宝做抚触按摩，多带孩子接触大自然，帮孩子培养良好的阅读习惯，控制孩子看电子产品的时间。

　　关注以上方面，可以让孩子在潜移默化中得到飞跃式的成长，让孩子的动手能力强，学习专注力强，听到的知识都记在心里，看到的知识过目不忘，见多识广，有好奇心、求知若渴，这比什么功课辅导都有意义。

上小学之前，孩子可以学习认字吗

让孩子赢在起跑线上，这是很多家长的期盼。但怎样才算是赢在起跑线上呢？就目前的教育状况来看，家长认为学习成绩是关键，很多家长在孩子两三岁的时候就迫切地教孩子识字了。

但是，导致儿童感统失调的原因中，其中很重要的一个就是太早地对孩子进行认知性教育。因为太多的认知性教育会大大侵占孩子自由玩耍和活动的时间，让孩子的本体觉、前庭觉、触觉等的发展都会受到限制。

看到这里，家长又会迷惑和担心，到底要不要在学龄前让孩子认字呢？如果孩子学龄前没有认字，会不会导致他直接输在起跑线上呢？

大家都知道，汉字是由象形文字演化而来的方块字，不少汉字还存在象形文字的理据。对于孩子来说，与其说它们是一个个呆板的文字，不如更形象地称它们为形态各异的图形。而 3 ~ 4 岁的孩子正是对图形最敏感的时候，所以让孩子适当地接触汉字未尝不可。

孩子识字的态度无外乎就是两种，一个是喜欢，一个是抗拒。家长想让孩子识字，必须考虑孩子的意愿，不应该强迫。既不要因为想让孩子赢在起跑线上，就一味地强迫孩子识字，也不要因为担心孩子接受太多的认知性教育，会妨碍他们感觉统合能力发展就坚决反对。只有一切以孩子的兴趣为出发点，才是最好的选择。

如果孩子喜欢读书认字，就给予他支持和引导；如果孩子不喜欢，也不要去强求。学龄前的孩子不喜欢识字，逼迫学习有两个坏处：一是坚持不下去，反而耽误时间，不如将这个时间留给孩子摸爬滚打更有意义。二是孩子会产生抗拒心理。强压之下，虽然也坐在那里学了，但是没有什么效果，内心反而会慢慢变得不安，以及厌恶学习，甚至恐惧学习，这样到了学龄的年纪，很可能会抗拒学习。总之，就是得不偿失。

那么，有没有办法让孩子从小就喜欢识字呢？家长们可以做一些有意识的尝试。

首先，家长结合孩子生长发育的规律做好引导。比如在视知觉发展阶段，家长要认真给孩子看黑白卡，然后过渡到彩色卡、画册等，通过这个训练，激发孩子"看"东西的兴趣；在孩子的听知觉发展阶段，父母不仅要给孩子听各种自然的声音，还要给孩子读书讲故事，孩子长期看爸妈拿着书读，也会去模仿，这个过程也可以激发孩子的求知欲；还有就是孩子喜欢拿东西画的时候，给孩子纸笔，陪孩子一起涂鸦，家长可以画几种小动物，然后写上与小动物对应的字，顺其自然地做这个事情。这种引导可以融入孩子的成长过程中，不用刻意去教什么。

其次，家长自己应该做好规划，并且坚持下去。孩子有听故事、看绘本的兴趣，家长却因为忙碌或者散漫，不能坚持陪孩子做好这些事，孩子可能只有两三天热度，就难以培养认字的兴趣。

最后，限制孩子看手机等电子产品。这一条讲过很多次了，这里要再强调一下。有很多家长自己看手机没完没了，为了让孩子不"调皮"，也给孩子看动画片，导致孩子从小就沉迷于电子产品。还有的家长用手机给孩子放启蒙动画片、教学视频，最终导致孩子沉迷其中。这样对孩子的身心健康都非常不利。孩子自律能力较差，沉迷于电子产品，对其他活动的兴趣就会减少，想让孩子对枯燥的认字有兴趣，难上加难。

总的来说，学龄前孩子要不要学认字，需要根据实际情况来定。家长要掌握好一个前提，那就是：孩子不抗拒。

教孩子识字要注意什么

首先，不能急于求成。

家长们要注意，不要强迫孩子机械性地去记忆，更不能用每天认识多少汉字作为目标。这样做有两个坏处：

第一个坏处，由于机械性的记忆太过枯燥乏味，所以对于孩子的专注力是一个很大的挑战。如果父母还在一旁不停地叨唠，不停地抱怨，就会激起他们的逆反心理。

第二个坏处，由于孩子最初认字都是图谱式的记忆，对于他来说只是单纯地认识了字的形体。但是，他们并不清楚背后所指的含义是什么，所以孩子很快就会忘记。

因而，相比于干巴巴地写下一些汉字，跟着孩子去练，抑或去抓住一张小纸条让孩子看图识字，还不如抓住他们识字的敏感期，当他们在马路上看到广告牌或者其他标志物问我们的时候，或者在给他们读绘本的时候，积极地告诉他们这个是什么字，这样的效果往往更好。

其次，不要让学龄前的孩子握笔写字。

学龄前的孩子以看和读为主，为了加深印象，有些家长可能会喜欢让孩子拿起笔来把认识的字写下来。其实，这并不可取。孩子在学龄前，手部的关节肌肉还没发育好，当他们用力握笔写字的时候，很容易出现遮挡视线的问题，因此会导致他们侧头写字，埋下近视或不良坐姿的隐患。

总而言之，6岁之前的孩子主要任务是玩，而不是学习。除非孩子主动提出要学习，否则不建议家长过早地教孩子认字。事实上，很多家长可能都会发现，在孩子的认知敏感期内，有时候我们没有刻意去教孩子认字，他们也很容易自学成才。因为他们会在自己最感兴趣的时候，自发地询问某个字的含义，所以说兴趣是最好的老师，家长不要着急，应顺其自然。

孩子学习"不开窍"，
如何帮他打通"任督二脉"

没有笨孩子，只有没开窍的孩子

给孩子辅导作业一直是家长心里挥之不去的梦魇，网络上和生活中经常能看到或听到很多家长在给孩子辅导作业时，情绪崩溃，甚至做出很多过激行为。这些家长平时可能都是温文尔雅或成熟稳重的状态，一旦开始辅导孩子学习，立马就像换了一个人似的。这似乎已经成为所有家长都面临的"世纪难题"，基本上都是以家长气急败坏而结束，这个时候家长经常会冒出许多难听的话："你怎么这么笨？""我怎么生了你这么一个笨蛋玩意儿""你这么笨，随的是谁？"……

其实，这种情况往往是因为家长没有掌握合适的方法，没有对症下药，效果自然"鸡同鸭讲"。没有笨孩子，只有没开窍的孩子。孩子一旦开窍，就像打通任督二脉一样，智商、情商全部上线，学习内驱力变强，孩子立刻就能从"学渣"逆袭成"学霸"。

帮助孩子打通"任督二脉"的四个方法

第一，抓住孩子智力提升的黄金期

孩子智力提升的第一个黄金期一般在 6 ~ 7 岁，这个阶段的孩子已经学会从外界感知中获取知识，包括语言和抽象思维。家长一定要通过一些方法促进孩子的思维发展，比如通过玩积木、数独等活动或者游戏，提升孩子的动手能力、空间思维能力、逻辑思维能力等，全面开发孩子各方面的能力。等孩子的大脑发育和思维能力完成蝶变之后，孩子就会像"脱胎换骨"一样，各方面的综合能力都会得到明显提升，尤其是学习成绩直线上升。

第二，提高孩子的专注力，坚持让孩子锻炼身体

很多孩子专注力差，就是因为前庭系统功能发展不良。而运动是能够促进和改善前庭系统功能发展的有效方法，特别是像跑步、游泳、跳绳等。这些活动既能够增强体质，又能够增强孩子身体的协调性，同时能够让孩子由内而外地散发出自信的气质，人际关系也会更好，学习效率也会更高。提高孩子专注力的详细方法，前文讲了很多，这里就不再赘述。

第三，帮助孩子独立

孩子的独立性也是"开窍"的重要基础。现在很多家长总是包办太多，因为没办法真正信任孩子，不敢让孩子面对一些挑战和困难，捧在手里怕掉了，含在嘴里怕化了。结果让孩子失去了锻炼自己、不断成长

的机会，对家长过度依赖。

学习就是一个不断接触新事物、新信息的过程，这个过程充满了未知和挑战，是孩子心智成长的重要阶段，也是压力很大的时期。如果孩子不够独立，学习过程中只要碰到一点困难就会退缩。表现出来的行为就是，一个概念或者一道题，不管家长怎么解释，孩子始终是一问三不知的状态。这是最让家长抓狂、崩溃的地方。殊不知，病根可能就在家长自己。所以家长一定要注重从小就培养孩子的独立性，比如叠被子、整理书包以及做一些简单的家务。

第四，给孩子进行针对性的训练

有的孩子在某一方面可能比较突出，但在其他方面就明显落后于其他孩子，这种情况也会导致孩子"不开窍"。每个孩子的情况不一样，因此表现出来的问题也各不相同，这个时候家长就要找到问题的根源，对症下药。

例如，注重孩子左右脑的开发，"舒尔特方格"就是一个很好的方法。再如，孩子专注力差，做事总是三分钟热度，作业马虎粗心，上课跟不上老师进度，和他说话半天才有反应，这是由于听动协调能力差造成的。针对这种情况，可以做一些听知觉的训练。

除以上介绍的四种帮助孩子"开窍"的方法外，还有其他很多方法，有兴趣的家长可以搜索相关资料深入学习。以上这四种方法，只要你坚持做，就已经能够解决很多问题了，你将会看到孩子的变化。相信孩子，他们往往比我们认为的更优秀，家长需要帮他找到开启智慧之门的那把钥匙。

第三部分

一

孩子的专注力
是培养出来的

03

为什么孩子总是很难集中注意力

孩子注意力不集中，是家长们普遍头疼的问题。特别是学龄期的孩子，注意力不集中会影响孩子的学习成绩，所以很多家长都会为此感到焦虑。

我们先来了解一下孩子注意力不集中具体有哪些表现，以及是什么原因导致他们注意力不集中的。

从哪些行为可以看出孩子注意力不集中

1. 做任何事都是一边做一边玩，粗心大意。比如写作业，特别容易被其他信息干扰，写着写着就跑去玩了，无法坚持一次性把作业写完。

2. 对家长给出的指令心不在焉，听而不闻，闻而不动，不会在第一时间给予反馈。

3. 好动，坐不住，总是晃来晃去。如果家长给他指令让他坐好，他可以短时间内坐好，但是小动作不断，总是抠抠手指、拽拽衣角……

4. 在任何场合都很难保持安静，不停地用手摸来摸去，大人说话会不停地插嘴，打断别人交流。你不理他，他也会大声说话来打断你。

5. 平时走路很急促，经常无目的地乱跑，而且越跑越兴奋，不听劝阻，很难平稳地走路。

6. 一心多用，做事情有始无终，常常半途而废，虎头蛇尾。

7. 粗心马虎，写作业错行漏字。因为马虎，考试成绩通常都不是很理想。

8. 冲动任性，情绪不稳定。常常不假思索就得出结论，行为不计后果。

9. 自控力比较差。不遵守规章秩序，不听家长、老师的指示。做事情杂乱无章，不能与人好好合作，容易跟他人发生冲突。

10. 上学后写作业拖拉，不停地以"我要上厕所""我要喝水""我要吃东西"等理由中断写作业，致使作业时间大大增加。别人一个小时能完成的作业，他要 3 ~ 5 小时才能完成。

11. 上课时不能注视黑板，左顾右盼，小动作多。通常老师提问的时候，他连问的是什么都不知道。

以上，就是孩子注意力不集中的典型行为表现。那么，造成孩子注意力不集中的原因有哪些呢？

孩子注意力不集中的原因

孩子注意力不集中，有外部和内部两个方面的原因。

外部原因有以下几个方面：

1. 睡眠不足，过度劳累，或者天气特别热，口渴、生病，又或者是其他原因引起的情绪不安稳等。这些原因，尤其是睡眠不足，会严重影响到孩子的注意力。

2. 孩子在玩耍或做事情的时候，家长经常过去打扰他，让孩子无法集中精力。

3. 学习内容太深奥，孩子不理解，听不懂，或者太浅显，孩子觉得没有新鲜感，也会让孩子失去兴趣，其外在表现就是注意力不集中。

4. 3岁以下的孩子年龄还小，本身就是以无注意为主，很难长时间有意识地集中注意力。

内部原因有以下几个方面：

1. 前庭功能失调。前庭功能失调分为敏感和迟钝两个方面。前庭敏感就是前庭抑制功能不良，它会把大量信息传入大脑，不管是有用的还是没用的，通通放行。因此大脑接收的信息杂乱无章，导致大脑神经抑制困难，孩子外在的表现就是注意力不集中、好动不安等现象。

前庭迟钝是前庭无法把信息输入给大脑，也无法回馈正常的指令。孩子的大脑只是在自娱自乐，不停地进行自我弥补，这也会导致注意力不集中。

举个例子，前庭就像房间的门，门有防风和通风两种作用。触觉敏感的孩子这道门只开不关，什么信息都可以进入大脑，大脑接收了很多无用信息。而前庭迟钝的孩子这道门已经锈死了，无法打开，始终是关着的，因此房间无法进入新鲜的空气，大脑也无法接收到外界的指令和信息。房间需要新鲜空气，大脑也需要新的网络刺激，孩子就是需要不停地寻找新的刺激，才能满足生命所需。所以，孩子的外在表现就是特别爱动。

2. 髓鞘化不良。人类在刚出生的时候，父母会给我们 500 亿个神经元，这些神经元会相互链接，形成最初的脑网络。大脑通过神经元的链接进行信号传递。

神经元大致可以分为树突、细胞核和轴突三个部分。树突负责接收信息，细胞核负责处理信息，轴突负责传递信息。神经元信息传递是单向的，只能从轴突到树突这个方向，神经元的突出在连接的过程中，负责传递信息的轴突会有同时进行髓鞘化的包裹。也就是在神经细胞的轴突外缘形成一个绝缘体，避免信息传递过程中漏电，造成信号流失。

髓鞘化包裹的品质好坏，直接影响到我们日后大脑网络信息传递的效率高低。

髓鞘化良好，神经电流的通行速度就快，并且还很精准；髓鞘化不良，就容易产生神经电流信息流失，外在行为表现出来就是注意力不集中，特别容易受到外界因素的干扰。

3. 触觉刺激不足。孩子的触觉刺激不足，就会导致触觉敏感。触觉敏感的孩子，会不停地进行触觉弥补，会额外接收到很多信息，向大脑传递，这些信息会直接冲破前庭进入大脑。大脑无法及时处理这些信息，因此就产生了脑神经抑制困难，所以大脑是特别兴奋的状态，它对身体下达的指令也会增加很多，其外在的表现就是注意力不集中，好动不安。

简单的前庭激活练习，提高孩子的专注力

前庭激活训练以旋转类活动为主，这样的游戏很多。我们这里分类介绍一些。

适用于幼儿的前庭激活训练

1. 后部腹抱旋转法。家长站在孩子身后，双手从孩子的腋下伸出，环抱孩子，双手护住孩子的胸腹，然后抱起来慢慢旋转。

2. 腰部飞机旋转法。家长双手托住孩子腹部，让孩子双腿向后夹住家长的腰腹，然后家长以自己为中心点左右旋转。

3. 倒挂金钩旋转法。先让孩子趴在地上，然后家长倒着把孩子抱起来，采取拦腰环抱的形式，护住孩子的髋部和腹部，让孩子的两只脚正好弯曲搭在家长的肩膀上，慢慢旋转。

这三类旋转方法能有效地激活孩子的前庭功能，需要父母帮助一起完成。但是，做这三个训练要注意以下三个问题：

1. 年龄过小的婴幼儿不建议使用这套方法。

2. 在旋转过程中，速度不能太快，而且要尽量保持匀速。

3. 如果孩子出现恶心、呕吐、极度恐慌等情况，要立即停止，以免对孩子造成更为严重的伤害。

适用于大孩子的前庭激活训练

1. 头眼训练。让孩子端坐在椅子上，在正前方放一个标志物或者竖一根手指。然后让孩子注视正前方的物体转头，左右转动 45 度，转头时可以慢慢地加速。

或者让孩子直立，身体保持不动，头转圆圈，让视线随着头动。

2. 视靶训练。孩子端坐在椅子上，身体的正前方和左右 45 度前各放一个色彩鲜明的物体。让孩子从左往右看这三个物体，正对一个物体时做短暂停留后继续移动，看完第三个物体后逆向做同样的训练。循环往复 20 次。

3. 静态平衡训练。让孩子自然站立，双眼平视正前方，保持一分钟左右。然后休息一分钟，按照这个过程做 6 次左右。每天上午和下午可以各做一次，一段时间后，这个训练可以加一些动作，如双腿并拢、双臂张开、双臂环抱等。

4. 动态平衡训练。让孩子直立站好，闭上双眼。然后让身体前后、左右摆动。练习的时候，要求尽量不要屈伸髋关节，每组训练 20 次。刚开始可能有一定难度，可以靠墙进行辅助训练。一段时间后，应该严格按照要求来。

5. 眩晕训练。让孩子坐在沙发上，背部伸直。训练开始时，快速向前倒。感觉眩晕后，就控制身体停止不动，等眩晕的感觉消失后再快速抬起身体坐正。这个训练每组可以做 10 ~ 20 次。

此外，还有其他一些富有趣味的旋转小游戏，比较适合大孩子。

如"糊墙纸"，就是让孩子紧贴着墙，双手举高，然后贴着墙反转。

还有"大象鼻子旋转"，让孩子弯腰站立，一只手向下伸直，另一只手从下面环绕上来捏住鼻子，然后原地旋转。

以上练习或游戏，也有一些需要注意的地方。

1. 练习的时候，要注意安全，孩子感觉不适要立刻停止，别让孩子逞强。

2. 有的练习比较枯燥，家长要参与，并与孩子互动，把练习当成小游戏，让孩子感觉到趣味性。

3. 孩子刚开始参与训练的时候，适当放宽要求。做不好的时候，家长应该有耐心地给予指导，直到孩子能标准地完成训练。

4. 家长要明白训练需要长久坚持，不能一蹴而就，这个道理也要告诉孩子。一时兴起的训练，很难保证有好的效果。

5. 训练过程中，孩子情绪不好甚至很反感的时候，父母需要帮助孩子克服困难，比如制定一些目标和奖励规则。

简单的视觉专注力训练法

舒尔特方格

舒尔特方格是世界公认的最简单也是最普及的专注力训练法，很多飞行员、航天员都在用这个方法进行训练。这个方法对孩子的注意力、视觉广度和视觉敏锐度都有很好的训练效果，坚持一段时间，孩子的专注力问题就会有明显改善。

家长可以自制最简单的舒尔特方格：在一张方形卡片上画出 25 个"1cm×1cm"的方格，在格子里随机填上 1 ～ 25 的数字，让孩子用手指按顺序依次指出，同时大声读出来。用时越短，专注力越强。

看图连线

家长准备一幅不完整的图画，其中很多线条都未完成，在该有线条的位置上设置相连的字母或数字。然后，让孩子按照字母或数字的顺序进行连线，看最终能否形成一幅完整的图画。成功率越高，速度越快，专注力越强。

连线视觉追踪

准备一张 A4 纸，在左右两边各画上一列数量相等的方格，一边填数字，一边填字母，然后中间用曲线连接，每个数字和字母只能连接一次，每根连线用不同的颜色区分，连线越乱越好。然后鼓励孩子找到曲线另一边相对应的数字和字母，用时越短，专注力越强。

扑克牌视觉追踪

家长准备三张扑克牌，背面朝上，列成一排，让孩子随机选择其中一张，让他记住牌面，再重新放回原位。然后让孩子盯牢这张牌，家长快速移动三张牌，把顺序打乱，让孩子选出这张被移动过的牌。

迷宫寻迹

给孩子玩各种迷宫游戏，从入口出发，在迷宫错综复杂的线路中找出正确的那一条，这样做可以让孩子在提升视觉专注力的同时提升空间思维能力，可谓一举两得。

大家来找碴儿

给孩子两张看似一模一样的图片，让孩子找出其中微小的差别。家长也可以一起参与进来，形成竞争制，看谁先完成，给孩子一定的紧迫感，更有利于提升孩子的专注力。

数字消消乐

家长准备一组随机的数字，然后从中选出一个数字，比如3，让孩子把这组数据中所有的3全部画掉，不能有错漏，用时越短，专注力越强。数据的长短可根据孩子的接受能力和耐心程度量身定制，刚开始的时候可以短一点，然后慢慢加长。另外，难度也可以慢慢提升，刚开始的时候是画掉单个的数字，等孩子熟练掌握之后，可以让他画掉3前面的一位数，或者画掉3和9之间的数，又或者画掉其中的质数……

好用的听觉专注力训练法

以下是一些简单的听觉专注力训练方法，供家长参考，平时在日常生活中可以和孩子一起练习起来。

森林里有什么

家长准备一些带有动物声音的音乐或者音效，放给孩子听，让孩子说出这段声音中有哪些动物发出的声音。正确的越多，专注力越强。

爸爸妈妈在哪里

用眼罩给孩子蒙上眼睛，然后在家里播放背景音乐（声音不要太大，也不要太小，刚好起到干扰的效果就可以），家长和孩子保持一定的距离，绕着他躲在不同的地方拍手，让孩子迅速判断并指出家长的位置。

正确率越高，专注力越强。

绕口令

训练孩子讲绕口令，这就需要孩子在听家长演示的时候，高度集中注意力，听清内容。刚开始的时候可以简单一点，然后慢慢增加难度，孩子需要家长重复的次数越少，正确率越高，专注力也越强。

听声辨物

家长和孩子约定好，听到动物的名称时举左手，听到植物的名称时举右手，如果既不是动物也不是植物就不举手。游戏过程中要让孩子迅速做出相应的动作。孩子完成度越高，专注力越强。

捉字游戏

家长和孩子约定好某一个字，然后读一段文章，当读到这个字的时候，孩子就拍手示意，等全部读完之后，再回答这个字一共出现了几次，这个过程就需要孩子高度的专注力。

指五官

让孩子把一只手放在家长的手上，然后家长随机说出一个五官，让孩子在第一时间用手指到相应位置，反应越快越好。

锻炼视听能力，有效提升孩子的记忆力

生活中，有的孩子过目不忘，记忆力超群，对老师讲述的知识很快就能吸收，学习好得叫人嫉妒。有的孩子记忆力很差，看完就忘，学习成绩不理想。两者截然相反，为什么会出现这种情况呢？

在感觉统合领域有两个专业名词，一个叫视觉记忆，一个叫听觉记忆。一个人能过目不忘，快速吸收知识，正是因为视觉记忆和听觉记忆都比较好。

视觉记忆

通俗地讲，就是我们大脑对于来自视觉通道的信息进行编码、存储和提取的能力，是个体对于视觉经验的识别记忆和再现的能力。

举个例子，孩子在小区看到一只狗，过几天你拿着这只狗的照片出来，孩子能够立刻认出这只小狗，这在视觉记忆概念里叫作"再认"。进一步讲，孩子不仅能够识别出小狗，还可以用语言把小狗的形象描述出来，或者用笔把小狗画出来，这叫作"再现"。

所以，视觉记忆对于孩子的思维理解有很大帮助。视觉记忆的再认功能和再现功能不良的孩子，虽然可能记住了一些信息，但是无法再从系统里重新提取出来，也无法凭借记忆再描述一遍。

听觉记忆

听觉记忆是大脑对于来自听觉通道的信息进行编码、存储和提取的能力，是个体对于听觉经验的识别记忆和再现的能力。

例如，妈妈教孩子唱儿歌，没几遍孩子就能跟着唱下来，或者能够独自唱出来，有些听觉记忆特别好的孩子甚至听一遍就能记住。别说儿歌，就是很长的课文对他而言都不在话下。

孩子记忆力不佳的原因

随着城市化的发展，当今社会正在往小家庭化、生活电视化和手机化发展。很多孩子的活动空间小，听觉、视觉还有本体觉的发展都不到位，结果大脑的感觉统合能力欠缺。这很容易导致孩子视觉记忆和听觉记忆能力差。

由于视觉记忆和听觉记忆发展欠佳的早期症状并不明显，所以往往会被家长忽略。直到孩子上学后，在学习过程中遇到困难，家长才着急。

家长对孩子的监护要适当放开，让他们有机会认识自然、接受自然、识别自然，大自然里的各种声音，不停地对孩子听觉进行刺激，才能让听觉的再现和再认的功能被激活。但是，家庭的小规模化、封闭化的保护方式，导致孩子每天在狭小的空间里看到的、听到的都是同样的东西，接触到的都是单一重复的刺激，久而久之，孩子就不接受了，不愿意再听了。

如果你真的关心孩子，最好从一开始就注重孩子这两种记忆能力的训练，不管你的孩子目前能力如何，多做这种提升的训练都是有益无害的。那么，应该如何训练呢？

视觉记忆小游戏

下面给家长推荐几个经典的视觉记忆小游戏。

"什么东西不见了"

在孩子面前摆放 3 ~ 6 个物品，让孩子观察一会儿，然后闭上眼睛。之后，家长悄悄地拿走一个，再让孩子睁开眼睛，问问孩子"什么东西不见了"，这是一种常见的视觉记忆的训练游戏。在训练时，可以根据孩子的年龄和具体表现，适当地增减数量。

"复述数字"

在一张白纸上写出一组数字，让孩子读几遍。然后，把纸张收走，让孩子复述刚才的数字。在练习的过程中，可以根据孩子的能力，由少到多逐渐增加难度，让孩子进行练习。

"看物画图"

这也是锻炼孩子视觉记忆的好方法。可以在孩子面前摆放一些小物品，然后让孩子把物品完整地画出来。注意，孩子画画的目的不是练习美术能力，只要孩子能够通过简单的线条表示出他看到的物品就够了。

通过这些游戏，最终达到的效果应该是，孩子能够回忆起什么东西被移动过，回忆起刚才看到了什么，通过回忆将不完整的图拼好。

听觉记忆小游戏

敲门，问孩子"谁来了"

家长事先设定好自己的敲门方式，如敲两声或三声。每个家庭成员都可以跟孩子约定一个暗号，如妈妈是敲两声"咚——咚——"，爸爸敲三声"咚——咚——咚——"，爷爷敲四声"咚——咚——咚——咚——"……

然后家长站到门外敲门，让孩子在屋里面听，分辨是谁在敲门。

号码记忆游戏

把家人的门牌号、车牌号或者电话号码念给孩子听，让孩子记住这些号码。

初级阶段可以先引导孩子记忆门牌号，或者把电话号码分为"三四四"的格式，让孩子记忆。进阶后，可以把长串的数字，如手机号的11个数字一次性报给孩子，让孩子去记忆，并且要求孩子复述出来。

听数字排序

可以利用扑克牌和麻将，对孩子进行视觉训练和听觉训练。

注意：我们不鼓励教孩子打扑克牌和打麻将，这两样东西只是辅助孩子进行记忆力训练的工具而已。

可以给孩子一副扑克牌，然后家长说出一串数字，让孩子依次找出相应的数字进行排序。

其他游戏还有很多，只要家长用心，生活中的感统训练无处不在，可以随时随地进行。

孩子上课不专心，怎么办

孩子上课不专心，老是走神，让很多家长头疼。再怎么和孩子说"上课要认真听讲"的道理，似乎都没用。课堂上即使老师对他"重点关注"，效果也不理想。孩子的思绪就像一匹脱缰的野马，说跑就跑，怎么拉都拉不回来，结果导致学习成绩一落千丈。另外，孩子的整体精神面貌也很差，因为经常被家长和老师否定，总是表现出不自信的状态。

遇到这种情况不用怕，只要找对方法，就可以帮助孩子提升专注力，把心拉回课堂，认真听讲。

接下来，介绍几个训练方法，只要熟练掌握，家长就能把一个上课走神、小动作多、连5分钟都坐不住的孩子，教导成一个能够独立听讲、注意力集中，并且积极回答老师问题的孩子。

听觉集中能力训练

很多孩子听课不会听重点，注意力集中的时间很短，很容易被其他信息干扰，导致走神。

这种情况，家长可以给孩子做听觉集中能力训练。报一串按照规律排序的数字，如"1、2、3、4、6、7、9、10、11、14、15"，让孩子听完之后，把遗漏的数字找出来。

词语倒叙训练

有些孩子，当跟他说话的时候，他就像没听见一样，要说很多遍才会有反应。另外，听讲的时候，看似很认真，其实眼神是呆滞的，脑袋里在想别的事情，结果是一问三不知。

这种情况，可以给孩子做词语倒叙训练。例如，"自行车"，让孩子反过来念，即"车行自"；再如，"电风扇""扇风电"；"孙悟空""空悟孙"……坚持训练，孩子不认真听讲、分心走神的情况就会越来越少。

听动协调训练

不少家长觉得自己的孩子平时的反应总是慢半拍，让他做一件事情，要叫很多遍。

这种情况，要做听动协调训练。家长可以让孩子听一些指令做动作，如报一组词语：苹果、猴子、沙发、房子、气球、牡丹、玫瑰、滑梯、金鱼……让孩子听到动物的时候举左手，听到植物的时候举右手。要求孩子在听到指令的时候迅速做出对应的动作，越快越精准越好。

听觉理解训练

如果孩子听课内容记不住，理解能力差，学习效率很低，这多半是因为听觉理解能力差，可以给孩子做听觉理解训练。例如，给孩子讲故事，孩子只能用耳朵听，不能看。听完之后，家长可以提一些问题，让孩子来回答。坚持这样做，会让孩子听课更高效，听得进、听得懂、学得快。

听觉追踪训练

家长念一句话，让孩子跟着读，然后不断增加句子的长度，加大难度。例如，小明放学了；小明高高兴兴地放学了；小明跟同学们一起高高兴兴地放学了；下课铃响起，小明跟同学们一起高高兴兴地放学了；下课铃响起，小明跟同学们一起背着书包高高兴兴地放学了……这训练的是孩子的听觉追踪能力，让孩子在上课听讲的时候，能够跟上老师的思路和节奏。

除了以上几种训练方法，还有其他很多训练方法，这里不一一列举。因为方法不在多，要想取得效果，要注意两个要点：一是训练过程要和谐自然，家长要控制好训练氛围和节奏。不能为完成任务而训练，而是将训练当成一个有趣的亲子游戏，跟孩子高效而愉快地完成训练。二是要长期坚持，不能急于求成。训练是一个积累、量变到质变的过程，犹如春风化雨，润物无声。短时间的训练，或者三五次的训练，很难有效果。

这里还有一招"必杀技"，分享给各位家长。就是告诉孩子一句话："老师讲课看老师，老师写字看黑板，老师提问快举手，老师让写赶紧写。"这句话可操作性很强，能够让孩子在无形中学会听课的方法。坚持一段时间，你就会发现孩子身上发生的变化。

三招让孩子专心、自觉地写作业

有一位30多岁的宝妈和我反馈，自己家的孩子上二年级了，每天写作业总是磨磨蹭蹭，必须要家长陪着。一会儿要上厕所，一会儿要喝水，刚写几个字就开始东张西望，小动作不断，一点都不认真。于是，我把这三招方法分享给了她，她坚持了三个月，惊喜地发现孩子已经可以认认真真地写作业了。

第一招，注重营造学习氛围

很多孩子在学校里写作业很认真，效率很高，但是一回家就不行，就是因为缺少了学习氛围。孩子在家里写作业的时候，很多家长在旁边玩手机或者打游戏，当孩子需要帮助或者向家长提问的时候，家长往往应付了事，或者教不了一会儿就开始情绪失控，暴怒，责怪孩子太笨。也有些家长是另一个极端，什么事都不干，每时每刻就盯着孩子，孩子还没写几个字，家长就来干涉，挑剔"这里错了，那里不行"。

这两种行为对孩子的压力和打击都很大，让他们很难处于一个专注的环境和氛围中，自然也就无法专注地完成作业。

面对这种情况，家长可以在旁边拿一本书阅读，一边陪着孩子，一边也不给孩子太大的压迫感。当孩子看到你也在认真学习的时候，他会更容易进入认真学习的状态中。

如果你的孩子对学习和写作业缺乏自信，你可以采用逆向思维的方式，反向刺激和鼓励孩子重新获取学习的乐趣。例如，你可以说："今天我来写作业，你来检查。"这个时候孩子往往是很高兴的。接下来，你故意把每道题都答错，然后交给孩子批改，结果孩子一看，全是错的，这时孩子就会主动给你讲解每一道题的正确答案和解题思路。当你表现出恍然大悟的时候，孩子会很开心，他的自信心也就慢慢恢复了。

第二招，提前给孩子"放电"

孩子好动、不专注，有时候是因为精力太旺盛，情绪亢奋，无法稳定下来。你可以想象一下，孩子在学校里坐了一天，因为要遵守各种课堂纪律和学校规定，身体里的能量都被压抑和禁锢着。一放学这股能量终于释放出来，刚回到家，这一身的能量还没来得及消耗，你就让他老老实实地趴在桌子上写作业，这对一个孩子来说确实是要求太高了。

所以，这个时候就需要家长提前给孩子们"放放电"。在孩子写作业之前，先让他做做运动，如高抬腿、跳绳、跑步等。等他亢奋的情绪都发泄完以后，再让他进入学习状态。这个时候孩子往往更容易安定下来，而且运动后会让孩子更加开心愉悦，这个时候学习效率也更高。

需要注意一点，运动要适度，不能强度太大。如果孩子太累，注意力反而集中不起来，学习效率也很差，甚至写着写着就睡着了。但是一点儿强度都没有也不行，孩子得不到充分"放电"，写作业时的状态还是不稳定。这就需要家长根据自己孩子的体能状况，控制好运动时长和强度，找到那个最佳平衡点。

第三招，写作业前做好准备工作

很多孩子在写作业的过程中，一会儿要喝水，一会儿要上厕所，一会儿要削铅笔，做什么都好，就是不想写作业，找各种理由来中断写作业。针对这种情况，可以在孩子写作业之前，给他5分钟，把所有的准备工作做好，喝水、上厕所、准备好书本文具。一旦开始写作业，就不能再离开座位了，就像考试一样，完成以后才能自由活动。

然后，在写作业之前，让孩子回忆当天学习的内容。具体的操作方法是让孩子静坐下来，回忆白天老师讲的内容，并写在纸上，或者画一张简单的思维导图。如果有的内容想不起来了，先看一下课堂笔记，然后再看教材，把不理解的、忘掉的内容再过一遍，整个过程控制在15分钟以内。这是一个非常好的学习习惯，是提高孩子学习能力的必杀技，学霸都在用。

还有一点，孩子写作业拖拉，多半是因为专注力差造成的。家长可以在孩子写作业的时候，让他听一些音乐，不是一般的音乐，而是能够让孩子更加专注的"阿尔法脑波音乐"，它能促进孩子迅速地进入专注的状态，这样效率自然也就提升了。

除此以外，还可以先给孩子做几分钟的专注力训练，这样效率会更高。

在孩子的小学阶段，不要强迫他刷题、看书，这样会给孩子很大的心理压力。只要掌握了以上三种方法，孩子在学习上基本就不用家长操心了，这就是让孩子由内而外提升成绩的"秘籍"。

端正姿势也能提升专注力

姿势和专注力也能扯上关系？

答案是肯定的。孩子在写作业的时候，经常会出现弯腰驼背或者直接趴在桌子上的情况，平时也是站没站相、坐没坐相，到哪儿都是一副"歪七扭八"的样子。大部分家长都认为这是行为习惯的问题，担心的往往是孩子近视、骨骼发育不良等生理层面可能会出现的问题。需要说明的是，孩子的姿势不对，会影响孩子的专注力。这不是危言耸听。

姿势影响专注力

姿势和专注力有什么关系？为什么说姿势不对，会影响孩子的专注力呢？

人类的小脑里有一个"蚓部"，它和人的身体平衡关系密切。大脑就是通过"蚓部"掌握身体平衡，同时处理由眼、耳输入的信息的。

如果孩子读书写字的姿势不端正，身体就会失去平衡，体轴倾斜，视线也会跟着倾斜。视线倾斜就会导致左右眼输入的信息有差异，这样大脑在处理左右眼收集的信息时也会失衡，所以大脑就更容易疲劳，也就难以集中精力。

如果孩子姿势端正，那么就是水平视线输入信息，则不需要大脑重新修正，左右大脑可以同时发挥作用。所以，大脑就不容易产生疲劳，专注力和判断力也会随之提升。

我们在生活中仔细观察的话，会发现身边的成功人士基本上都会有一个共同点，就是他们的姿势端正。并不是说姿势端正就一定会成功，但是姿势端正确实会对专注力起到正向的规范和引导作用，因此也就容易成功。

孩子为什么做不到姿势端正

很多家长看到孩子姿势不对，都会教育孩子："站直了，挺胸、抬头""别动，好好的，站有站相，坐有坐相""别趴在桌子上，把头抬起来"……

不管家长怎么耳提面命、谆谆教导，孩子就是不改，或者上一秒改过来了，下一秒立刻又变回原样。

其实家长只是一句话，就想让孩子立马改过来，这不现实。因为这一句话省去了前因后果，直接就给出结论和执行要求，这样孩子是理解不了的，因此"做不到"就再正常不过了。

家长除了给孩子下达行为规范和行动指令，还需要向孩子解释清楚其中的原理。为什么要这样做？为什么不能那样做？不要觉得孩子还小，听不懂这些道理，只要你能按照他们的思维模式来解释，他们就完全能明白。当孩子能理解姿势的重要性和必要性时，他们就会改变的。

如何调整姿势，提升专注力

我们首先要知道什么样的姿势是有助于提升专注力的。孩子要做到以下三点：

1. 视线保持水平。

2. 后背挺直。

3. 左右肩保持同一高度。

做到以上三点，就可以提升孩子的空间认知能力。而空间认知能力是提升所有能力必需的大脑机能，专注力也不例外。想提升孩子的专注力，让他保持一个良好的姿势习惯，同时加强锻炼孩子的空间认知能力，这样做都是非常有必要的。

锻炼空间认知能力的方法有很多，这里举几个例子。

1. 玩积木。年龄比较小的孩子，家长可以让他多玩玩积木。孩子在玩积木的过程中，通过观察和实际体验，逐渐理解形状和空间位置关系，这就是空间认知能力提升的过程。

2. 下棋。大一点的孩子，可以给他们玩一些棋类游戏。最好是象棋、国际象棋、围棋等带格子的游戏。格子棋盘就是在给孩子划定一个空间范围，在棋局博弈中，大脑前额叶皮层可以得到锻炼，而大脑前额叶皮层管的就是空间认知能力。

3. 闭眼垂直跳。用胶带或者记号笔在地上做一个标记，然后让孩子闭上眼睛垂直起跳，反复多次。如果孩子的空间认知能力不好，落地点就不稳定，踩不到同一个位置。反之，如果都能踩到同一位置的话，孩子的体轴就调整好了，视线也就水平了。

4. 跳绳。在地上画一个圈，让孩子在圈内跳绳，要一直保持在圈内。当孩子做到后，再加大难度，让孩子在倾斜的地面上跳绳，还是不能出圈。

5. 投接球。和孩子面对面站立，拉开一定距离，然后向孩子抛投皮球或者飞盘等安全物品，让孩子接住，在游戏的过程中，通过对家长动作、飞行速度和空间距离等信息的处理和判断，孩子的空间认知能力会得到很好的锻炼。

影响孩子专注力的因素有很多，而其中很容易被忽略的一点是孩子的姿势。

总的来说，姿势不对，身体就会失去平衡，体轴倾斜，视线也会跟着倾斜，从而导致大脑处理左右眼收集的信息失衡，因此更容易疲劳，注意力难以集中。

但是家长们也不用太担心，这个问题是可逆的。只要通过一系列科学、合理的互动小游戏，提升孩子的空间认知能力，就可以明显改善孩子因姿势不对而影响专注力的问题。

学会调控情绪，提升专注力

情绪是影响孩子专注力的重要因素，也很容易被家长忽略。

情绪会直接影响心情。良好的情绪，会让孩子处于一种开心兴奋的状态，使孩子在学习或者做事的过程中主观能动性更强，思维也更加敏捷，专注力更强。反之，烦躁、郁闷、愤怒、恐惧等糟糕的情绪，会让孩子处于对抗或逃避的状态，这种状态下他们的学习力和专注力都处于非常低的水平。严重的甚至体内会分泌有害激素，影响孩子的脑神经发育，导致学习效率低下。

能有效地控制情绪，保持一个良好的心态，同时具备理性的思考和判断能力，这样的孩子整体会趋于稳定。在学习或做事的时候，整个人会更加平和，也更容易静下心来专注于此，因此成功的概率也就更高。

所以，不要让孩子总是处于一些糟糕的负面情绪中，家长应该引导和鼓励他们保持乐观，尽可能让他们在一个积极正向的环境中成长，他们的人生因此也更容易成功。那么，家长应该怎样做呢？

在这之前，先要弄清楚孩子负面情绪是从哪儿来的。

负面情绪产生的原因

第一类，孩子自身原因

性格。一般外向型的孩子开朗、活泼，喜欢表达和倾诉，负面情绪比较容易排解，所以产生负面情绪的情况相对少一些。而内向型孩子不喜欢社交、害怕与人交流，很多事情都憋在心里，这种情况就很容易产生负面情绪，而且很难得到排解。

身体素质。身体素质好的孩子，在同龄人中做事完成度更高，学习速度更快，因此表现得也更自信，这种孩子一般都是乐观积极的。相对而言，如果一个孩子从小体弱多病，总是受别人欺负，别人能轻松做到的事情，他使出浑身力气也做不到，就比较容易产生自卑心理，负面情绪也就更容易产生。

兴趣。孩子对某一件事的兴趣，会直接影响他对这件事的接受程度。孩子喜欢的、接受度高的事情，做起来都是快乐的、享受的。如果是被强迫做的事情，没有任何快乐可言，自然就会产生负面情绪。

第二类，家庭教育影响

孩子人生的第一所学校是家庭，家长就是孩子的启蒙老师，家长的言行对孩子有深远的影响。

如果家长对孩子非常溺爱，什么都依着他的性子来，想做什么就做什么，做错了也一味包庇他，这样就容易让孩子产生一种以自我为中心的心态。在这样的教育环境下，一旦有什么事情没有遂孩子的心愿，情绪立刻就会"爆炸"。

这类孩子平时很少受到挫折，心理承受能力差，稍微受到点质疑或者压力，情绪马上就崩溃了。往往这个时候，家长非但没有好好教育孩子，让他树立正确的观点，反而是屈服、退让。结果孩子尝到了"甜头"，下次变本加厉，有恃无恐，因为他知道爸爸妈妈最终还是会屈服于自己的。

还有一些家长由于自己工作压力大或者其他原因，导致自己的情绪不稳定，经常指责、谩骂孩子，让孩子产生压抑、不满和愤怒的情绪，等到这些负面情绪积累到一定程度，孩子终于承受不住，最后就会一下爆发出来。

如何消除孩子的负面情绪

让孩子充分表达情绪

家长切记一点，不要总觉得孩子还小，不懂事，和他讲道理没意义，这是非常错误的。

虽然孩子还小，对自己的情绪和行为控制力比较弱，但是不代表他们听不懂自己的情绪给别人带来的影响。家长要基于平等、尊重的前提，和孩子好好沟通，鼓励孩子用语言来表达自己的情绪，避免用破坏性的行为来发泄。即使有时候控制不住，也要知道情绪发泄的边界在哪里，不能完全不管不顾地乱发脾气。这种情绪自我控制力如果得到提升，孩子的专注力也会得到提升。

关心孩子的心理变化

孩子在成长的过程中，总会遇到各种挫折和打击。我们都是这么一路走过来的，这很正常。但是孩子在面对挫折时，自我调节的能力还不够，这就需要家长保持关注，善于观察。

当发现孩子出现话少、紧张、沉默等情况时，家长就要引起注意了。如果孩子在短时间内能自行调整过来，那就没问题。如果孩子一直是这个状态，家长就要开始干预，帮助孩子分析原因，找到问题，然后鼓励他勇敢面对，帮助他解决问题，教会他下次面对困难时的方法。

教会孩子控制情绪的方法

首先，转移孩子的注意力，这是情绪控制的好方法，对年纪越小的孩子越有效。当孩子遇到困难情绪崩溃、大哭大闹的时候，家长只要让他看一下这个，注意一下那个，讲个故事，做个鬼脸，孩子的注意力很容易就被转移了，一旦脱离出刚才"痛苦"的情境，孩子的情绪马上就有好转。家长也要教会孩子这个方法。每次情绪即将"爆炸"的时候，就要想办法转移自己的注意力，让情绪稳定下来。这样才能保持思考的专注力，才会找到解决问题的方法。

其次，教会孩子换个角度看问题。孩子很多时候看到的都是一件事情没做成的负面结果，自己无法承受失败的痛苦，所以情绪才会崩溃。凡事都有两面，这个时候需要家长站出来告诉孩子，换个角度看问题，跳出自己原来的价值体系和思维定式，从而让自己的精神得到"解脱"，这样就不会有过重的心理负担了。

最后，教会孩子情绪的能量转化，把负面情绪能量转化为正面的、积极的情绪能量。遇到困难时，不要想着放弃，而是应该调整好心态，让自己更专注，专注于如何解决问题，让自己变得更强大。做到这一点，就能让自己的负面情绪变得有意义、有价值。

培养学习兴趣，提升孩子的专注力

"望子成龙""望女成凤"几乎是每个家长都想达成的目标，孩子的学习成绩是家长最关心的问题。但是有些孩子就是不爱学习，对于功课有关的事都没有专注力，再怎么努力成绩始终上不去……这些问题让家长们非常焦虑。

如果孩子出现这些情况，家长需要明白一点：除了前庭觉和视知觉以及听知觉等方面的专注力训练，还有一个重要的原因不能忽略，那就是兴趣。兴趣是一种无形的动力，会让人对某一领域的钻研、探索达到痴迷和忘我的状态。孩子如果对学习没兴趣，自然就失去了努力进步的动力，专注力也无从谈起，这就要求家长重视对孩子学习兴趣的培养。

为什么孩子对学习没兴趣

孩子并不是天生就不爱学习的，其实他们都有强烈的求知欲。孩子不喜欢学习，大多数和孩子所处的家庭、学校环境等有着密切关系。总结来说，主要有以下几种情况。

第一，家长对孩子的期望值过高

为了孩子，我们的家长可以放弃自己的事业，放弃自己的休息时间，甚至放弃自己的理想；只要孩子想学、愿意学，砸锅卖铁也要供，这就是我们绝大多数家长的心态和做法。很多家长每天下班，第一件事就是陪着孩子写作业，带孩子上各种兴趣班、特长班。他们不知道的是，这样反而给孩子造成很大的身心负担，可能会催生孩子的逆反心理，导致孩子对学习产生厌烦情绪和抵触行为。

第二，家长太看重孩子的学习成绩，功利性太强

很多家长经常对孩子说："你今天不好好学习，将来只能去扫大街""好好学习，长大了才能挣很多钱""学习好，你以后想干什么干什么"……其实这是家长的需求，并不是孩子的需求。家长对于孩子学习这件事，抱有太强的功利心，让孩子感觉不到获取知识本身的乐趣，自然就难以产生兴趣。

第三，孩子学习不得法

有些孩子学习非常认真、刻苦，但蛮劲有余、方法不足，没有掌握相应的学习方法和解题技巧，所以学起来事倍功半。长此以往，对孩子的自信心就是一种打击。当他产生畏难情绪和逃避心理的时候，兴趣自然就无法产生。

第四，孩子缺乏自信心

有些孩子的成绩不够突出，不但得不到家长和老师的鼓励，反而遭到很多批评、指责或者嘲笑，这就会让孩子产生"自己不如别人"的自卑心理。严重的直接就破罐子破摔，"反正所有人都觉得我不行，那我就不努力了，结果都一样"。这种情况，兴趣就更无从谈起了。

第五，没养成良好的学习习惯

孩子需要从小就培养良好的学习习惯。很多家长做法不对，在孩子年龄比较小的时候不忍心严格要求，甚至一味纵容。结果呢，孩子长大后，就有了诸如上课不认真听讲、回家不认真复习、不完成作业的坏习惯，怎么还能指望孩子对学习产生兴趣呢？

如何让孩子爱上学习

第一，保护孩子的好奇心

好奇心是兴趣的出发点和推动力，也是孩子专注力、忍耐力和毅力的源泉。因为好奇，孩子可能会做一些在家长眼里无聊、幼稚或者危险的事情，如经常拿着东西敲敲打打，经常追着你不厌其烦地问"为什么"，有时候也会把弄插座、针线等危险物品。

这个时候就需要家长保驾护航，在保证孩子安全的前提下，尽量不去干涉孩子对这个世界的探索，保护好孩子的好奇心，这是孩子获取知识的必要条件。在这个基础上，再适当地加以引导，就能让孩子对学习产生兴趣，并且保持学习的热情和专注力。

第二，不吝啬你的赞美

孩子都是喜欢被表扬和鼓励的，他们很在意别人对自己的评价，因为孩子主要是通过别人的评价来认识自己的。如果家长一直批评孩子笨，他可能会觉得自己真的很笨，渐渐丧失对学习的兴趣。

家长要学会表扬自己的孩子，不要端着架子，不要吝啬你的赞美，多去肯定他、鼓励他，让孩子对自己充满信心，变得更加积极主动。

第三，教会孩子自我鼓励

家长不能一天24小时都出现在孩子的身边，一定要让孩子由内而外地产生自信，不要对家长、老师或者其他人产生过度的依赖。要培养孩子的独立性，教会他自我激励和自我鞭策，让孩子从内心真正产生"我能学好"的想法，并愿意为此付诸行动。

可能很多家长不知道怎样让孩子学会自我鼓励，这个其实不难。家长不要无缘无故赞美孩子，也不要赞美一些不是孩子通过自身努力获得的成就，更不要做错误的赞美。例如，孩子调皮的时候，就不要称赞他的行为，调皮并没有什么值得赞赏的，这是孩子的天性；孩子白净，不要赞美他长相好，因为这是天生的；孩子抢小朋友玩具，不要赞美孩子厉害，因为这本身是错误的做法，应该适当进行批评和引导。这些赞美毫无意义，不仅不会让孩子产生自我认同，而且会让孩子形成骄纵的性格。当孩子努力学习自己穿衣吃饭的时候，应该赞美他；当孩子努力挑战难度较高的游戏时，应该赞美他；当孩子能给别人讲一个完整的故事时，应该赞美他；当孩子帮小伙伴忙时，应该赞美他……因为这些是孩子通过自己努力实现的，孩子正向的努力值得肯定和赞美。当孩子在生活中、学习中收获一个个成功的时候，他就会变得积极自信、热爱学习。

用游戏模式培养孩子的专注力

"在战争中学习战争"

在家长的眼里，训练孩子专注力的天敌就是游戏，孩子在玩游戏的时候，可以做到"万物皆空，唯有当下"，一旦开始学习就是"身在曹营心在汉"。很多家长都对这个问题感到头疼，他们最常用的方式就是严禁孩子玩游戏，把所有游戏设备都锁起来，手机设置密码，严防死守。对于孩子的学习问题，采取强压的方式，逼着孩子做作业，不做完哪儿也不准去。

其实，这样做是没有用的，专注力不是逼出来的。家长完全可以切换一个思路，用辩证的眼光来看待"游戏"。家长应该在与"游戏"的争夺战中，学习和借鉴游戏的一些内在逻辑，把孩子学习这件事设计成一个"游戏式"的体验，让孩子在一次次的成功和激励下，完成对学习的重新认知，并产生浓厚的兴趣和自发的驱动力。这样，孩子在学习的时候自然就能长时间地保持专注力。

游戏为什么有那么强的吸引力

游戏的设计者都非常了解用户心理学。他们在设计游戏的过程中会用到非常多的心理学知识，如"巴图模型""多元智能理论""斯金纳箱""目标的梯度效应"等。总的来说，一个游戏如果具备超强的吸引力，要做到以下三点。

动力——有明确的目标。

压力——难度要和能力相匹配。

压力释放——及时反馈。

符合以上这三点，孩子就会进入专注状态，这三点也就是吸引专注力的"三原则"。

第一，有明确的目标

几乎所有游戏都有明确的目标。例如，王者荣耀，攻下对方的水晶即为胜利；吃鸡游戏，是要战胜所有人，活到最后。很多游戏为了防止目标太大、太遥远，特意在过程中设置一个个小目标，让参与者通过不断积分获得小奖励的方式，始终被引导向着最后的目标持续进发。

由此来反观，我们很多家长在给孩子布置作业任务的时候，经常犯的一个错误就是目标不明确。例如，很多家长会对孩子说："快去写作业！"家长可能会觉得这句话已经清晰明了了，事实却相反。因为这句话背后隐藏了好几个动作流程——把作业本和书本等相关资料和工具准备好，复习当天上课时老师讲的内容，回想一下老师布置的作业，完成相应的任务。这么多流程，只说了五个字，就要孩子心领神会并且马上执行，这对孩子的要求着实是有些高了。

所以，很多时候家长觉得孩子不专注，其实他是不知道你要他专注的是什么。孩子的理解能力和成人不一样，你如果没有给他分解出明确的目标，他们就不知道该怎么去做，表现出来的行为就是目光呆滞、毫无反馈。

因此，家长在给孩子布置作业的时候，除了要给他树立一个大目标外，还要帮他分解任务，并和他们明确一个个过程中的小目标，让他们按照这些小目标一步步前进，最终完成终极目标。这样孩子在做作业的过程中，始终条理清晰、思路连贯，他就不会迷茫。每次专注一个小目标，孩子更容易集中专注力。

第二，难度要和能力相匹配

游戏都是从易到难的，一个好的游戏设计非常强调"易于上手、难于精通"。一开始上手难度很低，几乎没有什么门槛，然后难度一点点加上去。这个难度不是突然一个陡崖式的提升，而是循序渐进的，随着游戏者的熟练度和技能水平提升而提升。没有哪个游戏一上来就直接打最后的大 Boss 的，都是一关比一关难，这样做就是让参与者不会觉得太容易，没有挑战性，玩一会儿就无聊放弃了；也不会觉得太难，接连失败，直接"劝退"。

所以，家长在给孩子布置任务的时候，也要遵循这个模式。根据孩子的能力水平，设定一个合适的目标，然后再设定几个"关卡"或"节点"，这个过程是从易到难的。不能上来就制定一个"不可能完成的任务"，或者上来就直接要求孩子完成最后的终极目标，这样孩子放弃的可能性就非常大。就像现在给你三天时间，让你学会开飞机一样，正常人的反应都是退缩、逃避、拒绝，所以家长也不应该且不能这么"为难"孩子。

那么，什么样的难度是和能力"相匹配"的呢？这个难度又如何界定呢？简单来说，就是"跳一跳，够得着"。略高于孩子当下的能力，不能轻松完成，但是只要在合理的时间范围内付出努力，就能够完成，这就是一个和能力相匹配的难度。

第三，及时反馈

让人深陷其中、不能自拔的游戏，很重要的一点就是在游戏的过程中，系统会及时反馈。比如王者荣耀，干掉一个敌人，系统马上就会给你一个视听觉的反馈。当你连续干掉第二个、第三个、第四个，系统还会给你不一样的视听觉反馈；当你完成"五杀"的战绩时，系统的反馈会让你瞬间热血沸腾，你的大脑将分泌让你兴奋的多巴胺，这个也是真正让人上瘾的"秘密"。另外，在游戏过程中和游戏完成后，你还可以随时查看战绩，了解自己和队友以及敌人的"神操作"和失误，而且可以把自己的"高能时刻"分享出去，满足你的虚荣心。这种及时反馈的机制，刺激着你一步步继续深入，滑向不能自控的"深渊"。

游戏给我们的启示就是，家长不能在给孩子布置完任务之后就不管不顾了，更不能一直指责孩子这也不对、那也不对，这么做的结果只能是扼杀孩子对学习的兴趣。家长要注意观察孩子做作业的过程，每当他完成一个小目标或者表现特别好的时候，就要及时地给予表扬，不要吝啬你的赞美之词。孩子充分感受到每个成功的喜悦，就会越来越自信，学习也会更专注。

总之，家长在给孩子布置任务的时候，可以学习和借鉴游戏的模式。给孩子的任务目标要具体、清晰和准确；对学习目标进行拆解，设定很多基础目标和一些成就目标，难度要和孩子的能力相匹配；在孩子执行的过程中，注意观察并及时给出反馈。做到这三点，家长就可以引导孩子进入学习的正向循环，让孩子越来越专注、越来越高效、越来越自信。

做到这几点，孩子秒变专注力"超人"

前面介绍了很多容易被家长忽略的影响孩子专注力的因素。除了这些容易被忽略的点，还有没有什么日常生活中常见的场景，只要家长注意引导和训练，就能立竿见影呢？答案是肯定的，这里分享几点内容。如果全部都能做到，你就能让孩子变成专注力"超人"。

做任务，先定时，再定量

很多家长在给孩子分配任务的时候，往往只是给一个目标和时限，在规定的时间内完成什么事，然后家长就去忙自己的事情去了。等到了时间，家长过来验收成果，结果发现孩子压根儿还没开始，要么趴在桌子上"云游四海"，要么坐在椅子上目光空洞，不知道他在想什么。这时候家长就直接愤怒了，斥责孩子磨蹭、不认真、不专心……

家长忽略了一点，孩子不像大人，他们的理解能力和处理复杂问题的能力还有所欠缺。当你在给孩子布置任务时，如果不向他们讲解过程，而是直接跳到最后的目标结果上，对孩子就太不公平了。他们还没有能力去自行拆解复杂问题，厘清做事的逻辑关系，所以表现出来的行为就是消极抵抗。其实，很多时候他们是不知道怎么去做。

家长在给孩子布置任务的时候，正确的做法应该是，先给孩子明确一个大的时间节点，也就是这项任务必须要在什么时候完成。然后，最重要的一步来了，家长要给孩子拆解任务，把一个复杂的、困难的任务，拆解成一个个难度较低的小任务，由家长来把控时间、调节进度、控制节奏。这些小任务，总体来说是先易后难，但也不要一条直线上升式地提升难度，而是要曲折向上——高低起伏，总体向上。这样就能让孩子在一次次小的胜利中积累自信，当孩子感觉"只要我认真，只要我专注，就能做好一件事"的时候，专注力自然就提升了。

别再以爱之名破坏孩子的专注力

很多家长觉得自己家孩子做什么都静不下心，也不认真，总是会被各种事情打断，转移注意力。面对这种情况，我往往会引导家长反思一下，孩子专注力不集中，是不是家长导致的？家长一听到这句话，往往会十分坚定地说："怎么可能？我每天都坐在孩子旁边，盯着他学习，一步都没离开，但孩子的注意力就是集中不起来，实在是让人着急上火。"

其实，一个专注力差的孩子，身边往往有一个打扰他的家长，而家长打扰孩子的时候经常都是以爱之名。例如，孩子正在专心地搭积木，这时候，爸爸妈妈、爷爷奶奶或者外公外婆，端着碗过来说："宝宝，来吃水果。"还有，当孩子正在专心看绘本的时候，爸爸妈妈经常会过来，表情和动作都极其夸张地说："哇，宝宝，你太棒了！"然后不由分说地一把把孩子抱过来，重重地亲一口。再如，孩子正在聚精会神地画画，这时家长从他身边路过，顺口就来一句："宝贝，你在干吗呢？"结果沉浸其中的孩子，被强行拉回现实。他本来要继续完成的部分，很可能就此打住，很难再进入刚才忘我的境界了。就像你正做着美梦，被人吵醒，刚才的美梦怎么可能再续上？

所以，家长不要再以爱之名破坏孩子的专注力了，当看到孩子在专注做某事的时候，做一个安静的家长，不要打扰他，让他好好沉浸其中。

别唠叨，别训斥

家长们还有一个经常遇到的场景，就是要出门或者准备做一件事的时候，发现孩子正在专心致志地搭积木、画画或者读绘本。这时候有的家长就开始着急上火，不停地催促孩子快点，或者直接打断孩子，强拉硬拽，结果孩子不但没有听话，反而躺在地上哭闹，给家长火上浇油，最后家长骂骂咧咧，孩子哭哭啼啼。

这就是家长破坏孩子专注力的典型例子。有的家长可能会问，那么这种情况就让孩子一直耗下去吗？这样很多时候确实来不及了呀！其实，这不是孩子的问题，而是家长的时间安排出了问题。孩子对于家长的日程安排和具体时间节点是没有概念的，需要家长提前规划好并给予明确节点。

出门之前，家长可以提前半个小时给孩子做准备。这个时间段可以允许孩子玩一会儿玩具、读一会儿书或者画一幅画。和孩子提前约定好，告诉他这段时间是他自己可控的。这样当他完成后，自动结束并配合家长的程度明显会高很多。如果孩子沉浸时间过久，一直没有主动结束的意愿，家长可以适当给孩子一点压力，提醒他时间快到了，鼓励他做一个说到做到的小朋友。还可以告诉他完成手头上正在进行的某一步时，就要停止了。

只要长期坚持这么做，大部分的孩子出门拖延、做任务拖延无反馈等情况就会明显好转，而且这样还会提高孩子对于时间的掌控感。当他可以自主安排时间的时候，做起事来就会更加专注。

大声朗读

人在朗读时，视觉和听觉两大感觉系统是高度集中的状态，所以它是训练孩子专注力的一个很有效的方法。当孩子在阅读和听读的时候，要同时启动视知觉和听知觉能力，才能把看到的文字信息解码转变成大脑理解的内容。

而且，孩子在朗读的时候，会激发他们的想象力，在脑中即时构建画面。当孩子沉浸在想象力的时空时，他的注意力是高度集中的。所以，家长可以每天固定一个时间段，让孩子大声朗读一两本自己喜欢的绘本，以此来锻炼孩子口、眼、脑相互协调的能力，尽量不出现错读、漏读、卡壳的问题。这需要孩子调动高度的专注力，坚持下去，你就会看到孩子在专注力方面的变化。

营造一个有助于提升专注力的学习环境

家长要简化孩子的书桌，和学习无关的东西（如玩具、零食）不要出现。文具要视觉简洁、功能简单、实用性强，书房也要视觉简洁明快，灯光柔和，安静。

这种整体氛围，虽说不能起到决定性的作用，但确实有助于提高孩子学习的专注力。环境对人的影响力是很大的，大到超出很多人的想象，所以重视这一点，往往能收到奇效。

一次只做一件事

有些家长在给孩子布置任务的时候，会像连珠炮一样，一次性列出一大堆任务清单。这样会给孩子带来很大的心理压力，导致在执行的过程中因害怕而放弃。或者始终想着失败带来的问题，结果更加慌张，反而无法集中精神。

所以，家长要记住"一次只做一件事"的原则。人的注意力资源是有限的，很多时候我们用尽全力也只能做好一件事，更何况是孩子。一次性布置很多任务，会严重消耗孩子的专注力。"贪多嚼不烂"，饭要一口口吃，任务要一个个做，学习也要一步步往前走。

坚持

提升专注力的方法有很多，最重要的一点就是坚持！说得再多，不去做，一切都是白扯。坚持是有力量的，坚持确实也是非常辛苦的。家长能坚持给孩子做专注力训练的时长，取决于改变孩子的决心。

第四部分

一

抓住"敏感期"，
提升孩子的各项能力

04

6岁以下儿童的触觉训练要点

不管是刚出生的小宝宝，还是学龄期的孩子，其能力和心智的成长基础都是感觉统合。而感觉统合的发展，又依赖于发展最早、分布最广的触觉系统。所以，归根结底，触觉的发展对孩子的心理健康和能力发展的影响都十分重大，尤其是孩子6岁之前的触觉发展，将为孩子一生的能力的发展奠定基础。

因此，在孩子6岁之前，父母一定要帮助他们做好触觉训练，以及帮助他们发展出良好的触觉系统。那么，父母在给6岁以下的孩子进行触觉训练时要注意哪些要点呢？

胎儿阶段

孕中期以后，妈妈洗热水澡的时候，如果隔着母体触动他们的头、臀部或者身体的其他部位，他们会做出相应的反应。这就说明，此时孩子的触觉系统发育得已经非常不错了，要继续促进胎儿触觉的发展，最好的办法就是给他们洗"热水澡"。不过要注意水温不要太高。科学家发现，孕妇在39.4℃的热水中浸泡超过10分钟，就会对胎儿的生长发育产生极大损害。

0～1岁阶段

家长要给孩子做轻抚按摩。新生儿的口周、眼前额、手掌和脚底等部位的触觉都很敏感，家长可以经常利用自己温暖的双手按摩宝宝的这些部位。当然，如果能每天给孩子做全身的抚触按摩就更好了。

另外，奶嘴可以满足口腔触觉发展的需求。细心的家长会发现，当孩子拿着奶嘴往嘴里塞的时候，他并不是依靠视觉的引导，而是触觉。他会拿着奶嘴在嘴边打转转，尝试多次后才能把奶嘴放入口中。如果能让宝宝经常练习这个动作，对于他的触觉敏感程度的提升是有很大帮助的。

不久之后，宝宝就会进入口唇敏感期，所有能放到嘴里的东西，他都要去品尝一番。这个时候，在保证安全和卫生的前提下，家长最好不要阻止，因为宝宝这个时候正在发展他的口腔触觉，这对他日后的语言发展有很大影响。

1～3岁阶段

孩子学会站立以后，解放了双手，他们可以从事更多的手工活动。

家长可以给孩子提供一些可操作性的玩具，如七巧板、积木等，让孩子在穿插、旋转、拆卸等不同的动作中去体验不同玩具的特性，逐渐摸索出惯用手。

另外，家长可以提供全身心的触觉刺激，不只是双手，孩子身体的其他部位也都渴望获得触觉的刺激。而为孩子提供全身触觉刺激，除了可以抚触按摩、挤压按摩，还可以通过很多有趣的游戏来进行，如可以让孩子在棉被上来回翻滚，或者用毛毯把孩子卷起来做"寿司"。

3～6岁阶段

孩子一天天长大，他的触觉、前庭觉、本体觉发展基本成熟。这个时段的重点是，第一，要培养孩子的生活自理能力。父母一定要学会放手，让他们自己去完成一些力所能及的事情，如吃饭、穿衣、收拾自己的玩具等。只有通过各种生活习惯的训练，孩子身体各个部位的触觉辨识能力才能得到提高，并且在进入幼儿园集体生活的时候才能适应。

第二，要走进大自然。在大自然中，孩子可以获得许多与家庭和幼儿园日常活动中截然不同的触觉体验。多带孩子走进大自然，让他们去接触泥土、石块、树木、小草、树叶、小动物的皮毛等不同物质，这将为他们积累很多丰富的触觉体验。

0～6岁是孩子触觉发展的高峰期，但是不同阶段有不同的侧重点，所以一定要把握好，在合适的时间进行合适的触觉训练项目，只有这样才能最大限度地帮助孩子发展良好的触觉系统。

0～1岁孩子的敏感期及能力训练

6岁以下的孩子，在某个阶段会专心地吸收环境中某项事物的特质，并不断重复实践某一种行为。例如，频繁吃手，特别关注细小的东西，不断扔掉手里的东西，搭积木不允许别人插手，否则就要重来。这种看似奇怪实则正常不过的行为，我们称为敏感期。

每个孩子的敏感期，都是对应着感觉统合的发展而产生的。换句话说，敏感期是感觉统合的一个初级阶段。为了能够发展完成某个阶段的感觉神经系统，形成身体的某种能力，实现生命的自我完善，孩子的身体会不断自发地去寻找相关的某一类感觉刺激。于是，他在某个阶段不断地重复某个行为，也就是进入了敏感期。

当然，只要孩子对这类感觉需求得到了满足，孩子的这一行为的重复就会停止，也就会结束这一敏感期。然后孩子就会开启另一个感觉神经片段的发展，出现另一种行为的重复。一直到孩子的身心基础都经过这样的过程完善后，敏感期的现象才会彻底停止。

类似的现象，家长可以简单地理解为孩子敏感期的度过。其实就是感觉统合能力的发展，孩子顺利度过一个敏感期，他的感觉统合能力就会上一个新台阶。

感觉统合能力发展就像盖大楼一样，一层层地往上递进。一个敏感期发展结束后，会产生另外一个敏感期，而另外一个敏感期又是上一个敏感期的承接和过渡。

家长要注意的是，并不是所有的孩子都能顺利地度过某个敏感期。往往因为孩子自己身体能量的不足，或者是家长无意识地打扰，又或者是环境条件的限制等原因，孩子可能会错过一些敏感期。一旦孩子错过敏感期，他们的身体发展就很容易出现一些不足，产生感统失调的现象。

下面将依照孩子在不同年龄段出现的敏感期的不同，为家长详细地讲解孩子不同成长阶段的教育重点、训练的要点，以帮助孩子顺利度过敏感期，预防或改善感统失调的出现。

0 ~ 1 岁的孩子主要会经历五个敏感期，它们分别是黑白敏感期、口唇敏感期、抓握敏感期、爬行敏感期和走路敏感期。

黑白敏感期

刚出生的婴儿只能分辨黑白两种颜色，这两种颜色同时出现并且对比鲜明的时候，会让婴儿感到安全和快乐。所以，建议家长多给孩子准备一些黑白相间的卡片，可以自己制作，也可以直接在网上购买。总之，就是要充分利用孩子早期对黑白色彩比较敏感的特点，给予他们适当的视觉刺激，帮助他们顺利地发展出后面更丰富的视觉功能。

口唇敏感期

孩子一般在 2 ～ 3 个月的时候，会进入口唇敏感期，什么东西都要往嘴里放。起初是自己的小手，然后只要他嘴巴和手能够到的东西，包括衣领、玩具、人身上的某个部位，都会往嘴里放，看起来就好像一直吃不饱的样子。其实他们可能并不是因为饥饿，只是在尝试用嘴巴来认识这个世界，了解世界各种物质的属性（如金属、木块、纸张、塑料等），并且在大脑里永远记住这些感觉。只要他把想品尝的东西都尝过一遍，就能顺利地度过口唇敏感期。

家长一定要了解，宝宝 1 岁以内，吃手或者将任何东西往嘴里塞，都属于正常现象。这是宝宝发育过程中的必经阶段，并不需要特别去教育，只需要保证所有进入他嘴巴里的东西都是干净卫生的就可以了。如果刻意地去阻止他吃手，或者妨碍他进行口腔探索活动，就会导致他在口唇敏感期内未能获得充分的口腔触觉体验，那么他的这一敏感期就会继续延长。有些孩子上了幼儿园还在吃手指、咬指甲，喜欢啃咬玩具，甚至发生咬人的事情，多半就是因为口唇敏感期没有得到满足。

此外，满足孩子口唇敏感期的需求，特别是吃手，还有一个十分重要的意义，那就是唤醒孩子手的功能，帮助孩子顺利过渡到手的抓握敏感期。

抓握敏感期

家长细心观察会发现，孩子吃手也是按照顺序来的。他首先吃的是大拇指，然后依次吃遍其余的几根手指，从而实现五指的分化，最终在 6 个月左右迎来抓握敏感期。

这时候家长又会"头疼"了，因为孩子特别喜欢拿着东西随便乱扔。家长不用担心，这是孩子又一种探索世界的方式，等到他顺利地度过，又会获得新的能力提升。

抓握敏感期中，孩子手指灵活性和力量的掌握都会得到锻炼和提升，对今后的成长有巨大帮助。以后穿衣拉拉链、扣纽扣，穿鞋系鞋带等更容易学会；进入幼儿园，做手工、画画以及小学学习写字等也会比没有完整度过抓握敏感期的孩子要强。

怎样帮助孩子充分度过抓握敏感期？家长可以让孩子多抓一些东西，比如买一些专门抓握的玩具。这类玩具不仅能抓握，还能入口。也可以给孩子买拨浪鼓、海洋球等玩具，可以让孩子转动、抛掷。给孩子的小玩具要注意这几个问题：不能太硬、不能有小零件、不易破损、没有锋利的边角、符合卫生安全标准。

爬行敏感期

正所谓"三翻六坐七滚八爬"，到了七八个月，宝宝会进入爬行敏感期。

爬行是孩子身体在体验极强烈的双侧肢体刺激，这种刺激能够促进大脑皮层中心沟的形成，从而促进大脑双侧分化功能区的分化。只有这样，大脑的各个功能区才能专责化，孩子的身体才能得到大脑更明确的指令，接收到的信息才会被更加正确、有效地解读。

如果孩子小时候爬行不足，更容易出现大脑双侧分化不全。这样大脑就容易模糊而混乱地指挥身体，导致身体大部用力或者不该用力的地方也去用力。例如，写字、画画的时候，手臂、头部、肩部一起紧绷的状态，这样孩子过不了多久就会累。还有一些小朋友开瓶盖时手在用力，嘴也在用力，这就是大脑双侧分化不良所致。

另外，孩子在爬行的时候，身体的位置是比较低的，要想获得更宽的视野，他就必须把头抬起来。这个动作恰好能够刺激到脑干部的前庭位置，前庭器官也会因此比较顺利地发展。例如，眼球会随着目标上下左右转动，从而能够锻炼眼部的肌肉，这样孩子便可以在三四岁的时候，发展出成熟的视觉聚焦，将来才不会出现写反字，读书跳行、漏字等视知觉空间发展不足的现象。

相反，孩子若是错过了爬行敏感期，或者爬行不足，前庭觉得不到很好的刺激，前庭器官也得不到良好的发展，那么在日后的学习期间，就会出现注意力不集中，容易导致读书跳行、漏字等学习障碍。

在孩子的爬行敏感期，家长要让孩子爬个够，最好是不少于 800 小时。就算孩子已经进入 10 个月的行走敏感期，开始站立迈步了，我们也要尽可能地给孩子创造爬行的机会，让孩子把基础打扎实、打牢固。

如果孩子已经错过了爬行敏感期，应该怎么去补救呢?

如果孩子不到 6 岁，那就大胆地让孩子去爬行。这个年龄段的孩子可能并不配合，家长要多费点心思，可以设计一些爬行的游戏，让孩子尽可能地弥补这种缺失的刺激。

除了要他尽可能做到爬行之外，还要多一些肢体的双侧协调与负重类的活动，如使用感统教具中的脚踏车、踩踏石等。家长还可以多设计一些刺激前庭感官的游戏给孩子玩，比如数一数舒尔特方格，听着音乐走节拍等。

走路敏感期

很多孩子到七八个月大，就喜欢站在家长的腿上，让家长架着蹦跳，每次蹦跳都非常开心，而且不让停，这时孩子就进入走路敏感期了。这个时期的孩子，有非常强烈的走路的欲望。

前面我们讲了很多，多让孩子爬，走路太早不一定好，家长一定要谨记。很多人会说，那走路晚，错过了走路敏感期怎么办？其实不用担心，孩子的走路敏感期很长，一般会持续到2岁以上，这么长的周期足够孩子锻炼的了。但是爬行少了，不良影响就会比较大。

七八个月的孩子，家长不要锻炼他直立行走。可能孩子会拒绝爬和坐，不断地想站起来。家长可以抱着他，帮助他行走，不要让孩子的双脚过于受力，也可以架着他的胳膊在腿上蹦跳，为孩子行走做准备。

10个月到1岁，很多孩子已经可以扶着围栏自己走了，这时家长不需要阻拦。1岁左右的时候，经过以前的锻炼，腿脚肌肉强健起来，孩子就会逐渐拒绝外力的帮助，自己独立行走。这时候，家长可以将孩子放在距离自己半米远的地方，然后蹲下来面对孩子张开怀抱，让孩子走过来。用不了多久，他们就会自己走路了。

孩子在走路敏感期内，家长要注意这些问题。第一，家长不要主动训练孩子走路。第二，就算孩子会走路了，也要想办法，比如通过做游戏等让孩子多爬行。第三，孩子走路的环境要保证安全，家具边角可以包裹起来。第四，孩子行走的时候，一般不用担心孩子摔跤。如果家里是光滑地面的，拖地后或者地面有水时，不要让孩子走。有不少家长不注意，导致孩子走的时候滑倒，伤到头部，这就很危险。第五，孩子学会走路之后，要避免经常抱在怀里，应该让他自己多来回走动，这也是很重要的。

最后提醒家长，对于 0 ～ 1 岁的孩子，要重点做好两件事：

第一，让他们多用嘴巴去尝，顺利地度过口唇敏感期。

第二，让他们多做手膝爬行，获得充分的爬行体验。

总之，牢记一句话，只有前期顺利地度过和充分地体验，才能让他们在后面的成长路上，健步如飞。

1～2岁孩子的敏感期及能力训练

经历或者正在经历养育1～2岁宝宝的家长，一定会有这样的感受：孩子的成长日新月异。比如昨天他可能还在地上爬，今天就能蹒跚而行，再过几天就可以依靠自己的双腿到达任何他想要到达的地方。

刚刚学会走路的孩子，将经历哪些敏感期？家长们又该如何帮助他们顺利度过呢？

细小事物敏感期

在这个阶段，一块绿豆大小的石头、一根又细又短的线头、一片纸屑、一根头发丝等，这些很难引起成人注意、毫不起眼的东西，却非常吸引1岁多的宝宝。因为孩子在这个年龄段会经历"细小事物敏感期"。

1岁到1岁半的孩子，基本学会了走路，能够不依靠任何帮助独自移动身体，去探索更宽广的世界，此时细小事物敏感期就到来了。

这个时期，腿是孩子运输的工具，可以把他们从这里带到那里；手就是他们最得意的操作工具，可以让他们做任何想探索的工作，如抓、捏、拧、抠等。再加上手和肢体相协调，孩子的手脚会变得越来越有力量、越来越灵活，所以抓、握、捏这种细小的活动就会越来越得心应手。

他们经常走着走着，看到地上有瓜子、小石子、小纸条，都会捡起来研究一番。如果地上有一只或者一群蚂蚁，他们会蹲下来观察，一看就是大半天。遇到这种情况，家长千万不要因为怕脏或者其他原因阻止、打扰他们，因为他们正在通过这样的行为来探索世界。如果突然被打断，就是硬生生地将他们与周围环境刚建立的连接打断，扼杀了他们的好奇和兴趣，也阻碍了他们的触觉、视觉和手部精细动作等多种能力的发展。

所以，家长一定要记住，要帮助孩子度过这个敏感期，没有紧急危险的情况下，不要刻意打扰他们的专注活动。他们在专注观察的时候，也是在进行"网络链接"最快的时候。

自我意识敏感期

1岁多的孩子，一边努力地认识外面的世界，一边也在努力地认识自我。在1岁半左右，孩子会进入一个新的敏感期——自我意识敏感期。

孩子出生的时候意识处在一个混沌的状态，在随后的成长过程中实现了发现自我和分离自我的过程。分离是一个非常痛苦的过程，1岁多的孩子的自我意识敏感期只是一个开端而已，在后面的成长过程中，孩子还将实现更彻底的自我跟世界的分离，产生真正自我的感觉。

在自我意识敏感期内，孩子往往会有哪些表现，家长应该注意哪些细节和要点呢？

自我意识敏感期最常见的表现就是，开始认识到"我"跟外界的区别，会有意识地区分"你"和"我"之间的界限。好像突然某一天开始，孩子不再像以前那样，大人说什么他都听，而是开始会说"不"了，表现出"我"的想法、"我"的意愿、"我"的意见，开始意识到哪些行为是可以由"我"来决定的。如果发生不符合他心意的事情，甚至可能大哭大闹，表现出一副以自我为中心的样子。

这个时候家长不要恼怒，更不要对孩子发火。其实，这是孩子在长大，自我意识在觉醒，他们逐步建立了一种自信心和独立个性。家长应该正确地理解并尊重他们，让他们顺利度过这个时期。

自我意识敏感期还有一种常见的表现，就是孩子不愿意分享。许多家长认为这是孩子自私，其实这与自私无关。这时候，孩子已经形成了清晰的自我认知，他要区分这是我的、那是你的。刚进入自我意识敏感期的孩子，甚至会把自己看到的、喜欢的东西都认为是自己的，这也是孩子在刚刚建立自我意识时的表现。

一般情况下，等过了这个阶段，孩子在4～5岁会尝试把自己的东西与别人交换。在"我"与"你"交换的过程中，会划分出你与我的界限。在这样划分界限的过程中，孩子为自己储备了心理的能量和智能，从而把自己构建得非常强大。

在孩子不愿意分享的这个问题上，家长不必为此困扰。换个角度看，孩子有权决定自己的东西是否与人分享，我们不应该用自己的道德标准去评判和要求孩子。

语言敏感期

面对一两岁的孩子，刚刚萌生自我意识，家长很可能容易烦恼。孩子语言的萌芽和成熟，肯定是大家喜闻乐见的。这个时期的孩子，他们会观察爸爸妈妈说话的口型，然后在某个时刻突然直接说话。

有的家长可能会说，我家孩子七八个月就会叫爸爸妈妈了，这是不是说明孩子的语言能力特别好，语言敏感期提前到来了呢？

其实不是。孩子七八个月的时候发出重复的音节，并不能说明他们已经真正有了语言，那可能只是他们随意发出的声音。真正的语言萌芽，基本都是在 1 岁之后。孩子逐渐能够听懂大人说的话，同样也逐渐能通过简单的字或者词来表达自己的意思。

在 1 岁半左右，孩子能听懂 50 个左右的词，并能够讲出 10 个左右有意义的词。这是语言敏感期的开端，也是语言大爆发的开始。此后，只要两三个月的时间，他们就将掌握上百个词，说出的话家长基本上能听明白。

当然，这种理想的语言发育过程，是以家长为孩子提供了合适的语言发展环境，帮他们顺利度过语言敏感期为前提的。如果家长为孩子提供的语言很匮乏，如全职妈妈或者老人带孩子，因为忙于家务而无暇与孩子进行沟通交流，或者因为疲惫无话可说等，长时间把孩子交给"电视保姆"代养，导致孩子严重缺少模仿学习和主动交流的机会，在本该语言大爆发的阶段，孩子可能就会出现说话晚、不会说话等现象。

另外，家长让孩子吃流食太多，会让孩子缺乏咀嚼的经验，以及对孩子过度溺爱，看到孩子一有动作就立马替他说话，只需要他点头、摇头就可以，这都可能导致孩子口腔肌肉得不到应有的锻炼，致使孩子即便会说话，也发音不清。

这里还要特别强调一点，前庭是我们大脑的一个门槛，视觉、听觉、嗅觉、味觉等感觉系统传来的信息，都要经过前庭系统的过滤辨别才能最终进入大脑。所以前庭功能不良，也会导致孩子在语言信息的过滤、传递、理解、判断等方面出现故障。而导致前庭功能不良的主要原因，就是孩子静坐的时间太长了，活动的时间太少了，没有获得足量的感觉刺激。一旦家长疏忽大意，耽误孩子时间过久，想要再去弥补，就难上加难了。

孩子学会说话固然是可喜的事情，但孩子学会说话的过程并不容易。家长既需要有意识地通过咀嚼的形式锻炼孩子的口腔肌肉，又不能让孩子缺少必要的前庭锻炼（如旋转、摇晃），同时需要通过创造丰富的语言环境，跟孩子多说话、多交流，让孩子获得模仿学习的对象和主动说话的机会。其中任何一个环节出现差错，都有可能导致孩子出现语言障碍。

模仿敏感期

孩子模仿行为最早的表现，就是模仿一个词或者一应一答。比如起初教他说话的时候，一定会经常重复这样的模式。家长指着苹果跟孩子说"苹果"，他也会跟着说"苹果"；指着桌子说"桌子"，他也会跟着说"桌子"。在这样的重复模仿学习中，他们逐渐认识了很多事物，也学会了把语言跟这些事物相联系。

除了语言，孩子也会模仿动作。例如，你垒起一堆积木，他也会学着你的样子把积木垒起来；你打开一本书，他也会和你一样在旁边拿一本书一本正经地看；你玩手机，他也会争着抢你的手机玩。

　　这个时期的孩子就像一面镜子，你说什么他就说什么，你做什么他就做什么。换句话说，你好的、正面的语言和形象他会学，你不好的、负面的语言和形象他同样也会照搬过去。所以家长在孩子面前，一定要谨言慎行，讲文明的话，办文明的事，给孩子树立一个好榜样。

2～3岁孩子的敏感期及能力训练

2岁以前，孩子自我意识开始觉醒，在语言和模仿能力等方面有了一定发展。那么，2～3岁的孩子又将度过哪些敏感期呢?

概念敏感期

1岁之前的孩子，如果说语言发展得比较早，可能看到街上的车就会高兴得手舞足蹈，并且指着喊"车车"，这时候家长可能会觉得"哇，宝宝好厉害"。1岁之后，随着我们认知的逐渐丰富，以及语言的萌芽，他们口中的"车"又会变成"大车""小车""公交车""消防车""警车"等各种具体概念的车，这个时候家长会更高兴。

等到孩子2岁之后，像大车、小车这样的宏观概念已经不能满足他们的心智需求，他们需要更多的准确概念来实现自我认知、感觉和语言的精确配对。这个时期，孩子就处于概念敏感期。

还是以车为例，这个时候他看到车就会问："妈妈，这是什么牌子的车呀？""爸爸，这辆车叫什么名字呀？"当你告诉他之后，他可能会围着那辆车一边仔细观察，一边嘴里念叨，原来这就是那个什么车呀！

2岁多的孩子对于概念特别痴迷，只要是他感兴趣的东西，就会不惜一切代价反复询问求证，最终在自己的脑海里建立越来越多的正确概念。

家长碰到孩子反复询问，不要感觉厌烦，更不要嫌弃孩子太纠缠。相反，孩子一遍遍地问，你就要一遍遍耐心地告诉他正确的答案。只有这样才能满足他们内心的渴求，帮助他们顺利度过概念敏感期，丰富他们对于这个世界的认知。

秩序敏感期

秩序敏感期是儿童重要的敏感期之一，这个时候的孩子迫切需要精确且有秩序的环境。如果他内心的秩序被破坏，就会大哭大闹，而秩序一旦恢复，又会变得平静。

为了维护秩序，他经常会说"不"，甚至十分执拗，要求重新再来。例如，每天回家你都是带着孩子走小花园右边的一条路，如果某一天你突然带着孩子走了左边的那条，孩子就有可能大哭大闹，或者强烈要求倒回去，重新走。家长可能会觉得这样的小事，至于吗？作为处于秩序敏感期的孩子，这对他们来说非常重要，因为只有这样，秩序的外在环境才能让他的内心慢慢获得安全感，帮助他形成秩序规律。

秩序规律，就是孩子将所看到的归为一类、听到的归为一类、摸到的归为一类、闻到的归为一类……当他发展了所有感官，就会对感觉的认知上升到对知觉的认知，从而形成智能。这样，孩子对外部世界才会逐渐建立属于自己的认知。

在秩序敏感期，当孩子为了维护秩序表现得非常固执的时候，家长要学会温柔地对待，尊重这一正常的生命现象。如果你无意中破坏了他的秩序，换来的就是孩子的"无理取闹"。我们要安静地陪伴孩子，允许孩子把愤怒发泄出来，让他慢慢接纳既定事实，并允许他见到自己想要的秩序。

总而言之，家长要记住，正是对于秩序的追求，才能使得孩子开始理解这个世界，理解每个位置上的事物，从而逐渐达到自己与环境的融合。

面对秩序敏感期的孩子，最好就是什么都不做，并且允许孩子做他想做的。

审美敏感期

比秩序更高的追求就是对美的追求。两三岁的孩子常常要求玩具必须是干净的，苹果必须是光亮的，衣扣必须一个不能少……这是因为孩子在经历审美敏感期。

孩子在成长过程中，逐渐发现一个天大的秘密："一个完整的东西才是完美的。"这个秘密的发现也是来自吃东西的经历，任何一点瑕疵和缺陷，都入不了他的眼。甚至在一堆苹果中，他总是能快速地挑出最大最好的那个，因为对于他来说，吃到一个有斑点的苹果，就等于把不完美吃到了身体里，这样他会觉得自己也变得不完美了。

继吃之后，孩子审美的注意力会逐渐转移到其他使用的东西上。他会为他所追求的完美而表现出变本加厉的夸张和执拗，比如纸张不能有豁口、不能折叠，不然就要扔掉。在此之后，当孩子把高度的审美通过外在的事物完善后，又会回到自己身上，会对自己身体及有关事物产生强烈的兴趣。例如，他会痴迷于穿白纱裙，即使在寒冷的冬天也乐此不疲；喜欢穿妈妈的高跟鞋，即使连迈步都困难。

正是在这样一连串的尝试过程中，孩子学会并建立了审美。日后，又将发展成为他们最终的道德品质。如果家长希望自己的孩子将来成为一个品质高尚、有公德心的好公民，那么就从他的审美敏感期开始，给予他充分的尝试和体验审美的机会，给予他正确的行为习惯和引导，帮助他从小就构建起正确的、美好的内在审美。

社会规范敏感期

随着孩子的语言和各项能力的提升，2岁之后的孩子会变得越来越喜欢结交小朋友，越来越喜欢参加体育活动。这说明，他的社会性正在一点点被激发，进入社会规范的敏感期。

社会规范敏感期从2岁一直持续到4岁。在此期间，家长及幼儿园老师如果注重对他们进行社会规则以及日常礼节方面的教育，将会更利于他们学会在将来遵守社会的规范，拥有自律的生活以及与他人轻松交往的能力。

所以，家长一定不要以忙碌或担心孩子受别人欺负、会闹矛盾等为理由，禁锢孩子的行动，阻止孩子与更多小朋友一起玩耍。家长要尽可能地带孩子走出家门，并放开双手，让他能够与更多的小伙伴打交道，让他在与同龄孩子的摩擦碰撞中逐渐学会如何成为一个社会的人。

一般孩子 3 岁左右就会进入幼儿园。家长如果不提前让孩子与其他小朋友接触，等他猛然离开家的环境，进入幼儿园大环境的时候，孩子就会很难适应。到那个时候，家长再抱怨孩子爱哭黏人，再因为孩子的分离焦虑而焦头烂额，为时已晚。

因此，家长一定要抓住孩子社会规范的敏感期，趁早培养孩子的社会性，以便他们日后顺利入园，顺利进入社会。

3～4岁孩子的敏感期及能力训练

3～4岁的孩子，一方面还在延续之前已经有的部分敏感期，另一方面又产生大量新的敏感期。这个年龄段，是孩子能力大爆发的关键阶段，也是父母帮助孩子快速提升能力的重要时间段。如果家长引导教育得当，必然能够帮助孩子获得长足的进步。

反之，如果家长忽略了帮助孩子顺利度过各个敏感期的重要性，没有为孩子提供适宜的、有助于他们顺利度过敏感期的成长环境，必然也会造成孩子很多能力上的缺陷与不足。

执拗敏感期

之前提到过秩序敏感期，这个阶段孩子会形成一种秩序的内在模式。一旦有人破坏了这种秩序，孩子就会出现焦虑和哭闹，进而可能在言语和行为上表现出强烈的对抗，让人感觉这个孩子很任性，很喜欢胡闹。

当孩子的自我意识越来越强烈，对秩序的维护上升到一个意识层面的时候，他们的执拗敏感期就会正式到来。时间一般是 3 ～ 4 岁，有些孩子可能会提前进入。

具体的表现是，他们事事都必须按照自己的想法和意图去办，否则他们的情绪就会产生剧烈变化，发很大的脾气，大哭大闹。

例如，和大人上楼梯，大人不能先上，不然就扯着嗓子大哭；吃糖的时候必须自己剥开糖纸，如果家长帮他剥开，会很生气地把糖扔掉，或者再重新拿一颗，又或者直接躺在地上打滚。

对于这些不肯变通、固执到有点不可理喻的孩子，如果家长失去耐心，大声地责备他们，会很容易激发他们更强烈的对抗。我的建议是，家长及时做到态度良好地承认错误，寻求孩子的原谅。只要你足够真诚，他们即使很生气，坏情绪也会很快过去。当然，最好的方法是家长平时的细心观察，不要去触碰孩子的"逆鳞"，谨慎地去协助孩子维护好自己的秩序，最终帮助他们顺利度过执拗敏感期。

垒高敏感期

3 ～ 4 岁孩子会喜欢把物体推倒再重新垒到很高，然后再推倒，这是因为他们进入了垒高敏感期。这个时期的孩子，需要通过这样的行为，建立三维空间感。空间感对孩子动作计划能力以及在认知学习过程中的空间想象力等多方面能力的发展都起到至关重要的作用。

孩子在这个阶段，建议家长细心观察他们日常的行为表现。当发现孩子对垒高产生兴趣，我们最好抓住机会，多给他提供一些可用于垒高的玩具，多带他玩这类游戏，帮助他们更好地建立自己的三维空间感。

涂鸦敏感期

3～4岁孩子往往特别喜欢涂色涂鸦，乱写乱画。只要给他一支笔，他们能接触到的任何地方，都会成为他们的画布。家长常常很烦恼，有的家长还会为此打孩子。其实家长们完全没必要生气，因为孩子进入了涂鸦敏感期。

我要提醒家长，墙脏了可以再刷，但是孩子涂鸦敏感期错过了就再也没有了。而且在家长眼中的乱涂乱画，实则是孩子在释放艺术天性以及学习运笔锻炼手部控制力。

跟说话一样，涂鸦也是孩子的一种表达方式。在涂鸦敏感期孩子的眼中，没有什么地方能画、什么地方不能画的概念，也没有画得好或者不好的概念。

例如，孩子胡乱涂鸦，随便画出杂乱的线条，他们也会很开心。有时候，他们画几个扭曲的圈圈，说"爸爸，这是白云""妈妈，这是龙卷风"。对此，家长们千万不要说这儿不对，那儿不像。大人的审美，与孩子的创造力、想象力、绘画能力并不是协同的，家长不能用自己的想法去评判孩子涂鸦的好坏，更多的是需要鼓励和引导。

孩子进入涂鸦敏感期，最开始是无意识地乱画。一段时间后，孩子会发现画的痕迹跟手上的动作和笔是有关系的，就会有意识地重复一些涂鸦动作，如上下画线条。熟悉之后，对手和笔的控制有了一定的掌握，孩子又会画圆圈。再之后，家长们就会发现，孩子画一个东西，会分享说"这是轮子""这是车车""这是月亮""月亮画两个轮子，会跑"……这是孩子的涂鸦敏感期进入了新的阶段——命名涂鸦阶段。

在这一阶段，作为家长的你，应该鼓励孩子多想象思考，有利于激发孩子右脑潜能。另外，孩子画画的时候，往往比较专注，所以家长们不要胡乱指点。你的指点是无益的打扰，一方面影响孩子专注力的发展，另一方面会让孩子失去锻炼独立思考的机会。

孩子的涂鸦，是他直觉行为的展现。比如给月亮画轮子，这样月亮才能跑。他们的作品，往往在家长眼里"一无是处"，不少家长就要教孩子了：应该这样画，这样画才像；或者某某东西，应该是这样的。殊不知，这样的做法仅仅是满足了家长的意愿，并不是孩子需要的，可能短期内孩子画的作品慢慢像模像样，但是阻碍了孩子的创作灵感和创造性思维的发展，不利于孩子的成长。

在涂鸦敏感期，家长应该怎么做？

第一，家长应该给孩子创造涂鸦的条件，不能因为孩子到处画，就生气、熊他。家长应该准备纸和笔，或者一些涂鸦的画板，在家里安置一片孩子专用的涂鸦区域。

第二，家长应该用开放的心态对待孩子的作品。不要觉得孩子画得不好，指指点点；不要觉得孩子涂鸦进步快，就判定孩子有绘画天赋，教他画或者找补习班之类的。

第三，孩子可能不满足于只在准备的纸或者画板上画，也不满足只能在家长指定的地方画，也可能看到有颜色的都要用来涂鸦。这是正常的，家长不要过于抵制。只要是新鲜的，对他们来说都是一种正向刺激，都能发展他们的涂鸦能力和创造力。

第四，孩子涂鸦后，要引导孩子将工具放好，培养良好的习惯。

语言敏感期

孩子到 3 岁左右的时候，语言敏感期还在持续。这个阶段他们基本已经掌握了 1000 多个词，能够说出姓名、性别，还会唱简单的儿歌，说简单的句子。有些孩子，可能还会耳濡目染地背诵一些绕口令、诗词等。

这个时候，孩子们会更加关注整个句子所表达的意思，经常会问一句话中的某些词语是什么意思。也喜欢重复模仿别人说话，来进行语言学习。

在这个阶段，家长和老师一定要注意语言的准确和风趣，为孩子创造一个良好的语言学习环境。另外，可以丰富跟孩子说话的语言词汇，不要天天只进行日常家庭对话，可以绘声绘色地讲绘本故事。

家长要牢记孩子的语言都是在模仿我们大人，不合适的语言、粗俗之语就不要说了。

当家长用简明、准确、有趣的语言跟孩子交流的时候，他以后的表达也会变得简单、准确和有趣。

诅咒敏感期

伴随孩子语言的快速发展，孩子会越来越强烈地感受到语言的力量。

最有表现力的话语就是暴力语言和脏话，或者一些带有诅咒的话，如"我打你""滚蛋"等。这个阶段，大人越制止，孩子就越喜欢说，因为他正在测试这些语言的作用。

家长要想帮孩子顺利度过这个敏感期，斥责和制止并不是什么好的方法。家长应该忽视孩子的暴力语言或者脏话等，进行冷处理。当孩子发现说这类语言没什么意思的时候，自然而然就不说了。

完美敏感期

追求完美是人的天性，孩子3~4岁的时候，会从审美敏感期过渡到完美敏感期。

这个时期，孩子对所有使用的用具、事物都会力求完美，每件事都不能出差错。在很多家长的眼里，这种追求过于苛刻。但对孩子来说，完美事物能给他们带来精神上的愉悦。这种完美追求实现的愉悦精神体验，会带领他们走向更深入、丰富的精神世界，正是因为这样，他们心中才能逐渐产生标准、规则，以及对于和谐的追求。

家长们要牢记，孩子在某段时间突然变成一个完美主义者的时候，不要嫌他们烦，而应理解他们这种细腻的小心思，帮助他们度过这个完美敏感期。不久之后，随着认知的发展，孩子才会既能慢慢接受残缺美，内心又能有正确的理想追求，今后的人生才会更加积极、乐观、包容、充实。

剪贴图敏感期

3岁之后，随着孩子手部功能逐渐完善，孩子会进入剪贴图敏感期。这个敏感期错过了是不会再现的，因此家长一定要抓住机会，给孩子进行充分的剪贴图等手工活动，让他们多练习双手的使用，以达到提升手部的精细动作、手眼协调能力的目的，为他们日后的书写活动奠定良好的基础。

占有欲敏感期

随着孩子自我意识不断地发展，孩子占有欲敏感期也会慢慢到来。孩子到3岁左右的时候，家长们会慢慢注意到，他开始越来越强烈地感觉到占有支配自己物品的乐趣。同时，他们也会开始进行物品交换，人际交往活动也正式拉开序幕。

在面对占有欲强烈的3岁左右的孩子，家长们要多多配合。现在家长都会带孩子出去跟同龄小伙伴玩，孩子们在玩的时候，难免会因占有欲产生一些小摩擦。不论是自己的孩子，还是别人家的孩子，家长都不要指责谁小气、不讲道理，而应该去做正向的引导，让小朋友们一起交换玩具。

这个敏感期很短，家长引导顺利的话，两三周就过去了。

逻辑思维敏感期

3～4岁孩子特别喜欢问"为什么"，很多家长应该深有体会。这是因为他们进入了逻辑思维敏感期，要通过不断地问问题，来探索事物之间的逻辑关系。

家长们要注意，当孩子问问题的时候，应该做出正确的、简单的解答。正确解答是为了帮助孩子学习成长；简单解答是因为太复杂的逻辑，孩子并不能厘清。

孩子不仅会问常规问题，还有很多稀奇古怪的问题，有些家长还真答不上来。相信家长们都面临过这样尴尬的境地。有的家长对孩子的询问置之不理，更有一些家长可能训斥孩子不要瞎问。这是不对的。答不出来就如实地告诉孩子，然后和孩子一起寻找正确的答案。

延续秩序敏感期

孩子 3 岁以后，对于秩序的维护会升级，他们会从具体的生活秩序延伸到心里的秩序，形成内在的秩序感。

例如，当他看到小朋友 a 拿了小朋友 b 的玩具时，会打抱不平。这种正义感是内在秩序感的体现，是一种难得的美德。继续发展下去，会促使他们将来成为一个讲文明的、有道德的社会好公民。

如果家长们对孩子正义感之类的内在秩序不重视，或者不习惯跟孩子讲道理，总是依靠自己的权威来吩咐、安排、教育、指责孩子，那么他们内在的秩序就会打破，甚至被权威所替代。慢慢地，他们就会变得怕家长、怕老师、怕学校，没有自己的主见。

读者朋友们应该谨记，不管你是家长还是老师，都应该尊重孩子对秩序的执着，并且帮助他们一起去维护。

人际关系敏感期

3～4岁孩子的人际关系敏感期，最典型的表现是喜欢一对一地交换食物和玩具。他们对事物的价值认知和大人们不一样，所以很多交换在家长眼里不等值，有些家长就会教育式地去干预。

我给家长们的建议是，不管孩子是否吃亏，都不要去干涉孩子的行为。因为孩子对这个物品的价值也是有考量的，所以应该尊重孩子对物品所有权和价值的认定。

只有这样，孩子才会渐渐明白，别人的东西是不可以随便拿的，一定要征得对方的同意。更多的时候，想要别人的东西，需要付出代价，世界上没有不劳而获的好事。另外，自己的东西给不给别人，自己说了算。

在这样的交际中，孩子才能逐渐掌握人际关系的原则，并且认真地遵循这些原则。

如果家长强硬地要求孩子把东西换回来，既会伤害他们幼小的自尊心，又会破坏他们内在的原则和秩序的建立，妨碍他们学习人际交往的技巧。

另外，还有一个家长比较头疼的问题，就是有些孩子占有欲望很强，不愿意和别人交换玩具。家长同样不能强硬地干涉他们。别的孩子不愿意跟自己的孩子交换，可以告诉孩子，应该学会尊重别人的拒绝。自己的孩子不愿意与小朋友交换，可以跟别的小朋友说明，争取获得他们的理解。这样才能保护孩子的物权意识。

总而言之，3～4岁的孩子基本上已经进入了幼儿园的集体环境，他们不仅需要快速提升自己的各项能力，以及适应这个复杂的小社会，还需要掌握正确的人际交往技巧。家长千万不要以为把孩子送到幼儿园，自己就不用再操心了。只有家长和老师一起努力，才能帮助孩子顺利度过各个敏感期，从而真正地为孩子打好成长的基础。

4～5岁孩子的敏感期及能力训练

4～5岁的孩子又会出现哪些敏感期现象？他们又会有哪些典型的敏感期行为呢？家长应该如何利用这些行为，引导孩子更好地成长？

出生敏感期

4～5岁的孩子，非常喜欢问"我从哪里来"这个问题，他们会一直持续不断地追问家长。这就意味着，孩子到了出生敏感期。

面对这个让家长尴尬的问题，如何回答的？

是对孩子开玩笑说，从垃圾堆里捡来的，从石头缝里蹦出来的，或者用积分换来的？又或者，不耐烦地斥责孩子，问这么多干什么？有些家长会绞尽脑汁做各种比喻来回答，比如"爸爸在妈妈肚子里种下一颗种子，结果发芽、成熟、长大后你就出来了"……

打听自己的出生，是每个孩子建立安全感的必经阶段。这个问题的回答，对孩子来说很重要。当家长以极不负责的态度回答或者规避回答的时候，孩子内心的安全感就会受到伤害。即便是以后长大了，这种伤害依然很难消除。

家长应该多用点心，用孩子可以理解的方式来告诉他们答案。或者找一本百科全书，把生命形成的全部过程，科学地讲给孩子听。

情感敏感期

4 ~ 5岁的孩子基本上已经适应了幼儿园的生活，并可以理解和接纳与家长的分离。进入情感敏感期的孩子，感情上会变得很脆弱，因为一点点小事就会哭得很伤心。另外，会表现得很黏人，不能跟家长分开。还会关注别人是否爱他，对家人的情绪反应非常敏感。

很多家长会想，孩子的心智怎么倒退回去了？

其实不是。情感敏感期的孩子，只是通过外在形式上的退缩，去获得更多的爱和关注。因为这个时候的他们，正在为下一个阶段要面对外面的世界积蓄能量。

当孩子问家长，爱不爱他和爱他有多深的时候，家长不要觉得他人小鬼大，很搞笑，随意应对，不当回事。家长应该认真地告诉他，你爱他，你很爱他，你爱他就像大海一样深。这样，孩子的内心才能安定下来。

人际关系敏感期

孩子在三四岁的时候，会通过交换食物和玩具，感受到交朋友的乐趣。直到将近 5 岁的时候，他们才会逐渐明白，朋友是建立在志趣相投、彼此关怀、相互理解和相互倾听的基础之上的。也就是说，他们已经从一对一交换玩具和食物的阶段，上升到了寻找相同情绪，并开始相互依恋的阶段；从和许多小朋友玩的阶段，上升到只和一两个小朋友玩的阶段。

这个阶段，孩子会真正经历人际交往的全过程，而这种交往智能是与生俱来的。家长应该放手让孩子自己去处理人际关系。给孩子自由的空间，只要不出现严重的问题，就可以让他们自己去处理。让孩子在发现问题、解决问题的过程中，顺利地度过人际关系的敏感期。

婚姻敏感期

在人际关系敏感期之后，孩子便进入了婚姻敏感期。最早的时候，不少孩子会想要和爸爸妈妈结婚，之后他们会喜欢上自己的老师或者其他成人。

一直到 5 岁左右，他们才会喜欢上一个小伙伴。比如只给自己喜欢的孩子分享好吃的东西，而且经常在一起玩；产生矛盾，也不愿意让其他人干预。总之，他们想拥有自己的空间。

面对这些喜欢谈婚论嫁的"小大人"，我们家长不要觉得不好，从而简单粗暴地去制止。正确的做法应该是，抓住机会培养孩子丰富的情感，帮助他们建立正确的爱的观念和正确的婚姻观念。

审美敏感期

和上一个年龄段审美敏感期不同，4～5岁孩子对自己的形象有了愿望和审美标准，尤其是女孩子对于衣着服饰产生了浓厚的兴趣。

孩子到了审美敏感期，总是喜欢化妆，而且在所有人面前走来走去地展示，直到得到别人的夸奖才心满意足。

除了化妆，女孩子还会喜欢漂亮的裙子和鞋子，并且按照自己的想法穿衣打扮。

这个时候，孩子需要别人的肯定，家长无须对美做出任何评判。

身份确认敏感期

在成人眼里，童年是梦想的年纪。对于四五岁的孩子来说，他们的梦想都是真实的，"我是警察""我是霸王龙""我是白雪公主"……

这个时期，孩子会给自己很多不同的身份。这是因为他们开始崇拜一个偶像，并且希望自己就是他。在幼儿园里，经常有穿着白雪公主服装的小朋友，你只有叫她白雪公主，她才会答应你。

孩子这个身份确认的过程中，他们开始通过自己的偶像来表达自己。家长需要学会尊重和赞美孩子，帮助孩子更好地内化这些偶像背后的人格特征，如公主的高贵、超人的勇敢、机器人的强大等。

这些被孩子内化在自己生命中的特征，最终也会成为他们自我创造的特征。

性别敏感期

进入性别敏感期的孩子，最重视的就是谁是男的、谁是女的。如果有人去洗手间，他们一定要跟着去，原因是想观察对方到底是男孩还是女孩。

孩子对于身体的探索和认知来自观察，家长们在给孩子解释的时候，态度必须客观和科学，就如同认识自己的眼睛、嘴巴、鼻子是一样的。这样才能帮助孩子顺利地度过性别敏感期。

提醒我们的家长，在这个时候，百科全书是最好的工具。

数学概念敏感期

4 岁多的孩子，总是喜欢问："这个是几？""现在几点了？""有几个人？"

这个时期的孩子，对于数量会产生浓厚的兴趣。不过他们还不能完全理解数学逻辑，只能将数字、数量配上对，可以说是数学智能的最初发展阶段。

对于家长来说，应该抓住孩子的数学概念敏感期，做一些事情。

当孩子对数字的书写感兴趣的时候，可以给他一支笔，教他写数字；当他对数字训练感兴趣的时候，就带他玩一些数字排列的游戏。

家长们一定要注意，孩子如果不感兴趣，就不能勉强。只有顺势而为，才能事半功倍。否则事倍功半不说，还容易让孩子出现厌学的情绪。

认字符号等敏感期

四五岁的孩子，有一段时间会对认字、拼读或者认符号特别感兴趣。特别是会对自己熟悉的一些文字感兴趣，比如他们会发现自己名字里的字在别的地方也出现了。

在这个阶段，家长要注意一点，孩子还不能分解字的笔画，也达不到书写的程度。不要一看到孩子对文字感兴趣，就要求他大量地接受这种认知性的学习。这样的做法很容易起反作用。

绘画敏感期

绘画是孩子最会使用的一种言语。他们从涂鸦开始，就一直可以表达自己的这种感受，整个过程都是一种自然而然的展现。

对于四五岁的孩子，一般家长只需要保护孩子们的绘画兴趣就行。这时候，孩子基本上习惯了幼儿园的生活，幼儿园也会有一些这方面的引导教育。

家长要注意，不能强求孩子按照自己的审美去画，也不用要求孩子画得多么真实。当他们的画有所体现，家长应该适当予以鼓励。

另外，要注意的是，孩子们画画的时候，家长千万不要在旁边唠叨，如说不要乱涂乱画，不要将衣服弄脏；更不要说应该这样画，那样画不对。这样做，会影响孩子的专注力发展，也很有可能让孩子因为经常被批评而放弃绘画。

音乐敏感期

人的音乐智能是与生俱来的，而且能够跨越语言。音乐欣赏是孩子天生就具备的最高级的艺术欣赏能力之一。

孩子在妈妈肚子里的时候，就已经开始听觉的发展。1岁多就可以跟着音乐的节奏扭动身体，大多数4～5岁的孩子会进入音乐敏感期。

4～5岁的孩子，接受能力是有限的，就算孩子进入音乐敏感期，也不能让孩子苦练音乐技能，期望将孩子培养成为歌手明星。

家长们可以给孩子听一些高品质的音乐，作品可以丰富一些。通过潜移默化，自然而然地提高孩子对音乐艺术的兴趣，发展音乐艺术智能。

5～6岁孩子的敏感期及能力训练

5～6岁是孩子在幼儿园生活的最后一年。他们一方面会延续之前的一些敏感期，另一方面还会产生新的敏感期。家长一定要抓住这个学龄前的最后阶段，为孩子即将进入小学阶段的学习和生活做好充分准备。

接下来，就介绍一下这个年龄段孩子会经历哪些敏感期。

婚姻敏感期

5岁之后的婚姻敏感期是之前4～5岁敏感期的延续。

这个阶段的孩子，选择伙伴的倾向性变得更加明显。因为他们在生活中，经过多次的讨论，在真实场合通过过家家、角色扮演等多种形式，已经知道了一些简单的婚姻规则。例如，只有和相爱的人才能结婚，男的应该和女的结婚，等等。对这些规则的理解，是他们未来婚姻生活幸福美满的前提和关键。

家长们看到孩子在一起玩过家家，说什么"我爱你""我要娶你""我要和你结婚""我要嫁给你"等，并不是多么严重的事情，不用担心他们太早熟。

我们家长应该理性地去看待这个问题，科学引导他们树立正确的婚姻观念。到了小学、中学阶段，他们对于这些问题的看法会更加包容、更加客观。如果没有这个基础，等他们到了青春期，情感、心智可能会变得比较混乱，会给他们造成一定的困扰。

书写敏感期

4 ~ 5 岁的孩子对于认识符号、书写符号开始产生兴趣，而 5 岁之后书写的欲望会更加强烈，书写敏感期正式到来。

书写敏感期的时候，书写就像是存储在孩子的记忆中，终于找到了表达机会，深深地吸引住他们，不断促使他们去高度专注、持续书写。而对应地，孩子在书写的过程中，会体会到一种前所未有的乐趣，他们希望将自己的思想和情感都用书写表达出来。

在这个阶段，家长要想让孩子自发地把书写学习当成生活，应该注重与生活实践结合，用孩子认识的事物来教他们认识相关的文字。

比如孩子喜欢食品、玩具，家长则可以把文字做成字卡，让孩子将字卡和实际的物品去配对。这样孩子就不用死记硬背文字了，将抽象的符号和现实中的物品结合起来，才能让学习到的文字变得更有意义。

书写也是同样的道理。孩子在书写符号之前，一定要让他先触摸这个符号。一些幼儿园会使用符号卡之类的教具，让孩子先触摸符号产生感觉，然后再临摹书写。通过这样实际的体验过程，孩子才能顺利度过书写敏感期，基本在上学之前掌握符号的书写。

数学逻辑敏感期

数学是每个孩子在学龄期都要学习的科目，数学逻辑思维能力也是生活中使用最多的基本技能。

在儿童成长的早期，家长可以有意识地培养孩子的数学逻辑。比如当孩子刚开始对数字感兴趣的时候，我们就教他认数字；当他对数字的推理活动感兴趣的时候，我们就引导他进行简单的数学推理活动。例如，"六楼下水道的水会流到五楼，那五楼的水会流到哪一层呢？"

孩子五六岁的时候，家长更要在生活中不断地强化孩子的数据逻辑智能。例如，可以教他看懂钟表，说出指示的时间；了解货币的币值和用途，协助他自己花钱买东西；教他用量杯进行简单的测量等。家长可以借助实物，不断地教导孩子理解和掌握越来越复杂的数学逻辑关系。

家长们要记住，千万不要干巴巴地教孩子算术，不断要求孩子回答一加一等于几这样的数学计算问题。这种枯燥的数学计算题，一方面孩子相对难以理解，另一方面也可能让他产生厌学的情绪，对将来数学的学习产生抗拒。

社会行为敏感期

五六岁的孩子在幼儿园经历了两年左右的群体生活，他们的社会性有了很大的发展，不知不觉就会进入社会敏感期。这个时候的他们，渴望更多地去认识社会，去了解社会规则，去学习社会行为等，渴望直接体验社会性情感。

孩子们常常三五成群地聚在一起，组成一个温馨、和谐、平等的团队，一起玩游戏，或者进行某项活动。在团体的活动过程中，每个孩子都可以提出自己的想法，去说服别人实践这个想法。即使自己的想法没有被采纳，他在群体中依然可以坚持独自去实现，也没人反对。他也有可能放弃自己的想法，从而去适应群体的意见。

在孩子们的团队中，不同的时间段会出现不同的领导人物。这主要就是看某个环节中，谁的想法被大家认可。被认可的孩子在该段时间内，会用自己的想法来指挥大家。群体中不会有强者和弱者的区分，不管是年龄大还是小，没有人会长期处于弱势的地位，也没有人会长期处于强势地位。

家长对于孩子之间的和谐氛围，应该充分尊重。千万不要随便干涉他们，因为只有在这样的群体中，孩子才能锻炼社会性的能力发展。反之，孩子会缺乏这种群体生活的体验。

动植物实验收集敏感期

5～6岁的孩子，会非常热烈地吸收一切来自自然界的知识。家长们会看到，他们对于探索自然界的兴趣和敏感的程度，已经远远高于物质的需求。这是因为他们进入了一个动植物实验收集的敏感期。

说到对动植物的兴趣，很多家长会想到达尔文。正是因为他从小与自然界建立的这种亲密关系，才为他以后的发展奠定了基础，最终成为伟大的生物学家。

虽然并不是每个孩子都能成为达尔文，但是在孩子5岁左右，对自然界的认知达到一个很高程度的时候，家长应该积极地为孩子提供在自然中学习和观察的机会，让孩子尽可能多地同自然界交互，这是非常有益于孩子成长的。

延续交往敏感期

5岁以前，孩子交往的特征大多是一对一的。在食物、玩具等物品交换时，往往矛盾不断，一会儿闹矛盾哭泣，一会儿又重新和好。

这种交往经历非常重要，自由中的孩子，在这种平等的交往中学会承受，学会如何说话、如何把握他人的心理，等等。

正是有了这些基础，孩子在5岁之后才会顺利结束一对一的交往，进入3～4人一组的交往中。并且在朋友的选择上，有了明显的精神倾向。同时，也基本结束了以交换为目的的交流方式，进入延续交往的敏感期。

在这个敏感期内，团队彼此相互认识、相互学习，就会形成一种愉快默契的合作关系，这将奠定他们人际智能发展的良好基础。

对于这个阶段的孩子，父母的教育需要注意一点，那就是不干涉。让孩子自由交往，自由成长。

6 ～ 12 岁孩子的敏感期及能力训练

儿童敏感期主要出现在 6 岁之前，但是也有部分敏感期持续的时间比较长，呈现螺旋上升的状态。比如绘画、音乐、语言、审美，人际关系等敏感期，会一直伴随着孩子到 12 岁。

那么，孩子在 6 ～ 12 岁时，家长需要注意对孩子进行哪些训练呢？

社会兴趣发展敏感期

一般来说，孩子在 6 岁之前，大脑对外界事物并没有什么高深的概念和思想。他们心心念念的，主要是触摸东西，移动手或者身体来增加触觉的体验。他们的顺应性反应是肌肉和运动型的，而不是心智型的。

随着年龄的增长，在感觉和运动上不断良好组合的基础上，孩子的心智和社会反应会逐渐发展。在 6 ～ 7 岁的时候，他们会进入社会性兴趣发展的敏感期。

这个时期，他们开始积极地了解自己和他人的权利，喜欢遵循和共同建立规则，并形成合作的意识。例如，共同选举一位班长实现自我管理，主动监督上课时谁还没进教室，吃饭之前谁没有洗手，哪一个孩子没有遵守班级秩序，等等。

这些社会性、群体性的活动成为他们更关心的事。家长如果想让孩子顺利度过这个敏感期，并且培养孩子的社会意识，就一定要让孩子充分参加社会性活动。

家长不仅要鼓励孩子参加学校组织的集体生活，还要带孩子参加更多的社会活动。比如参与公益性的活动，捡垃圾，自己做手工义卖、捐助，等等。这样，可以培养孩子强烈的社会责任感，这相比于学习成绩来说更加重要。

数学逻辑敏感期

孩子的数学逻辑敏感期，一般会出现在 5 ~ 6 岁，之后还会持续。

孩子上小学，数学是主要的教学功课之一，其旨在培养孩子良好的逻辑思维空间概念。家长们不要以为，小学的孩子只是在学习加减乘除那么简单的数学运算。正是通过这些简单的运算，逐渐培养了孩子的数学思维，为他今后更复杂、更深入的逻辑思维发展奠定坚实的基础。

如果你期盼孩子日后成长为一个思维缜密、聪明睿智的人，就一定要抓住孩子正在延续的数学逻辑敏感期，进行有效锻炼。

在这个阶段，该如何给孩子训练呢？

可以借助食物帮助孩子学习，这样的互动可以持续到 12 岁。例如，最开始学习加减法，家长可以鼓励孩子数手指头或者其他小东西。

有些家长担心这种方法会让孩子对学习产生外在依赖，其实完全没必要。

孩子借助手指来运算，会更加容易去理解，这有助于他们自信心的增长。另外，孩子的思维模式发展本来就是从具体到抽象的，只有经过了这种具象的思维训练，才能顺利地过渡到抽象思维。否则，只能让孩子凭空去想象，但大脑里没有这个形象，是没办法想象的。

孩子在小学阶段所学的数学，基本上都是借助实物去具象学习的，例如，认识三角形，老师都会找一些三角形的物体，让孩子直观地去认识。他们必须通过实物的接触，才能更好地认识和了解三角形。

动植物科学实验收集敏感期

孩子上了小学之后，在自然科学老师的引导下，对于大自然的兴趣会有增无减，所以动植物科学实验收集敏感期会持续很长一段时间。

孩子们放学后，有的喜欢采集很多不同形状的树叶仔细观察，有的喜欢自己捣鼓一些有意思的科学实验，有的喜欢去观察蚂蚁搬家，有的喜欢看不同花瓣的形状差异，等等。家长帮助孩子保持这种认识世界、探索世界的热情，非常有益于培养他们的求知欲，培养他们好学的品质。

你一定听过这句话，"3岁看大，7岁看老"。孩子在这个时候培养的优秀品质，将会伴随他们一生。因此，家长们不要厌烦孩子不断地搬弄家里的各种花花草草，不要拒绝他们饲养小动物的请求，也不要随意扔掉孩子收集的任何小物品。甚至要尽可能地为孩子创造更多深入大自然、观察大自然的机会，让他们通过自己的眼睛、耳朵和双手去认识这个世界。

文化敏感期

从自主敏感期开始，儿童逐渐对人类精神产品的探索和认知有了兴趣。在"人类精神产品"中，文化属于最灿烂的一颗明珠，会吸引正在探索的儿童。

4岁以后的儿童，对文字、数学、科学、艺术都会产生极大的兴趣。他们不再像3岁或者2岁时那样盲目地问为什么，而是就一个领域的疑惑提出问题或者自己的设想。

这一时期，孩子慢慢地产生强烈的求知欲和探究欲。而且他们的观察能力也开始成熟，创造性思维、操作能力、自学能力开始形成，阅读能力和综合知识的学习能力开始形成。

总的来看，孩子对于文化学习的兴趣起于3岁。6岁或9岁的某个时期，会产生探究事物奥妙的强烈需求，此时便进入了"文化敏感期"。

这个敏感期内的孩子，像一块肥沃的土地，准备接收大量文化精神的播种。我建议家长一定要给孩子提供丰富的文化咨询。这些咨询不单单是一些学科类的文化知识，还应该包括广阔的课外知识。要让孩子通过阅读大量的课外书籍，丰富自己的内心世界。

孩子的敏感期是多样化的，有些敏感期错过就不会再现，有些错过还会再现，如口唇敏感期错过了，孩子后面会有吃手指、咬指甲的行为。还有些敏感期，则是呈现螺旋状上升发展的，如秩序敏感期、绘画敏感期。

还有很多的敏感期，如语言敏感期，孩子1岁左右出现，成长到三四岁，语言敏感期依然会持续发展。

家长应该掌握一些孩子成长的敏感期的特点，才能帮助孩子在不同阶段快速成长。

最后，还需要对家长们强调一些需要注意的问题。每个孩子的特质是不一样的，所以敏感期的出现，在时间上也会有一些差别，但大体不会偏离这些规律。

家长一定要把握孩子成长过程中的各个敏感期，在合适的时间，给予孩子合适的成长环境，充分激发孩子的内在潜力，让孩子能够更加健康、快乐、阳光、自信地成长。

还有些家长担心自己的孩子敏感期已经过了，想要知道有没有什么办法弥补。

答案是肯定的。绝大部分孩子成长过程中的敏感期，如果是因为环境不利，未能得到发展，只要及时给予最合适的、最放松的环境，还会再次出现。这种补偿在2～10岁都有可能出现，只是年龄越大，补偿的难度也越大。

不管在任何时候，家长都要给予孩子爱和自由的成长环境，帮助孩子顺利度过每一个敏感期。

影响孩子一生的
专注力训练

锤叔讲感统　著

陪孩子练习专注力：
专注力游戏与训练

北京联合出版公司
Beijing United Publishing Co., Ltd.

图书在版编目（ＣＩＰ）数据

陪孩子练习专注力：专注力游戏与训练／锤叔讲感
统著 .— 北京：北京联合出版公司，2022.7
（影响孩子一生的专注力训练）
ISBN 978-7-5596-6221-7

Ⅰ.①陪… Ⅱ.①锤… Ⅲ.①注意力—能力培养—家
庭教育 Ⅳ.① G782

中国版本图书馆 CIP 数据核字（2022）第 090189 号

陪孩子练习专注力：专注力游戏与训练

作　　　者：锤叔讲感统
出 品 人：赵红仕
责任编辑：肖　桓

北京联合出版公司出版
（北京市西城区德外大街 83 号楼 9 层　100088）
三河市中晟雅豪印务有限公司印刷　新华书店经销
字数 50 千字　700 毫米 × 980 毫米　1/16　印张 7.25
2022 年 7 月第 1 版　2022 年 7 月第 1 次印刷
ISBN 978-7-5596-6221-7
定价：65.00 元（全 2 册）

目录

第一部分　听知觉

第二部分　视知觉

第一部分　听知觉

提高听觉记忆能力

数字记忆（一）

80048　05851　33782　06647　09384

56875　50582　23172　58294　98128

84392　25048　74697　07819　85303

62430　25873　84481　82135　69383

训练方法：

1. 家长依次读出上述数字。
2. 孩子仔细地听，最后说出数字"8"出现的次数。

数字记忆 （二）

291218   530089   671511   960733

3105   4726   7628   5730

4833232   5416305   1251040   7524394

49365   16056   8920   748342

训练方法：

把听到的数字写出来，要求听完一组写一组。

数字记忆（三）

第一组： 8　学生　12　葡萄　19　小桥　22　老虎　16　老鼠

第二组： 21　紫色　28　书本　36　听课　40　花朵　35　风筝

第三组： 11　美好　18　我们　23 树叶　24　飞机　47　春天

训练方法：

　　每个词语前面都有一个数字，听完后，按从小到大的顺序写出每组数字。

答案：

　　第一组：8、12、16、19、22
　　第二组：21、28、35、36、40
　　第三组：11、18、23、24、47

第一组：1、2、3、4、6、7、8、11、13、14、15、17、19、20

第二组：21、22、25、26、28、30、32、34、35、36、37、39

第三组：26、24、22、19、18、16、15、14、13、11、10、8、6、4

第四组：31、30、28、27、25、24、22、21、20、18、16、14

训练方法：

家长念出以上每组数字，孩子认真听，并按规律将每组遗漏的数字记录下来。

答案：

第一组：5、9、10、12、16、18

第二组：23、24、27、29、31、33、38

第三组：25、23、21、20、17、12、9、7、5

第四组：29、26、23、19、17、15

41　43　44　45　48　49　50　51　53　54

55　57　58　60　61　64　65　66　68　69

71　72　74　75　76　79　80　81　83　84

- -

训练方法：

听完数列后，把数列中漏掉的数字记录下来。

答案：

42、46、47、52、56、59、62、63、67、70、73、77、78、82

复述词语

第一组： 笔一（铅笔）一（钢笔）一（蜡笔）

第二组： 海一（海鸥）一（海滩）一（海洋）

第三组： 木一（木板）一（木鱼）一（木屋）

第四组： 水一（流水）一（温水）一（开水）

训练方法：

听每组词语，听完后把每组词语复述出来。

倒记数字

第一组：18792

第二组：78671

第三组：35471

第四组：36517

第五组：23186

第六组：60247

训练方法：

认真听以上几组数字，把听到的数字倒着复述出来。例如，12345 倒着复述为 54321。

词语记忆（一）

第一组： 医生 律师 司机 教师 厨师 服务员

请问：一共听到了几个词语？

第二组： 洗手液 牙膏 帽子 面包 米饭

请问：排在第二位的是哪个词语？

第三组： 汽车站 飞行员 科学家 运动员 火箭

请问：排在第四位的是哪个词语？

训练方法：

认真听词语，按要求回答每组后面的问题。

第一组： 狮子　孔雀　老虎　小狗

请问：老虎排在第几位？

第二组： 苹果　橙子　香蕉　杧果

请问：哪种水果排第一？

第三组： 饼干　汉堡　牛奶　面包

请问：第三种食物是什么？

训练方法

　　家长依次念出以上每组词语，要求孩子回答问题。

倒述词语（一）

第一组：

面目全非　　欢声笑语　　井井有条　　人来人往

百发百中　　兴高采烈　　载歌载舞　　灯火辉煌

春暖花开　　春色满园

第二组：

原始森林　　海洋生物　　空气污染　　大好河山

湖光山色　　各种各样　　一叶知秋　　百年好合

四面八方　　欣喜若狂

训练方法：

　　家长依次念出以上每个词语，孩子认真听，听完一个四字词语后，倒过来复述。

　　例如，"面目全非"说成"非全目面"。

倒述词语 （二）

第一组： 千变万化　一干二净　万众一心
三分天下　一成不变

第二组： 桃红柳绿　百发百中　不由自主
春风化雨　瓜田李下

第三组： 父老乡亲　扫地出门　少先队员
妙笔生花　没完没了

训练方法：

　　每听完一个词语后，倒着复述出来。例如，"开天辟地"倒述
为"地辟天开"。

词语复述（一）

第一组：鸟语花香　春暖花开　秋高气爽

　　　　春风拂面　五颜六色　欢歌笑语

第二组：摩拳擦掌　鼠目寸光　龙争虎斗

　　　　狐假虎威　望子成龙　惊弓之鸟

第三组：心明眼亮　目瞪口呆　张口结舌

　　　　交头接耳　眼明手快　愁眉苦脸

第四组：山清水秀　万紫千红　和风细雨

　　　　五谷丰登　天寒地冻　千里冰封

第五组：鸦雀无声　画蛇添足　一箭双雕

　　　　狗急跳墙　亡羊补牢　一马当先

训练方法：

　　家长依次念出以上词语，孩子边听边复述，要求一字不差。

13

词语复述（二）

第一组：春光明媚　万物复苏

　　　　　鸟语花香　草长莺飞

第二组：夏日炎炎　骄阳似火

　　　　　酷暑难耐　烈日当空

第三组：秋高气爽　金风玉露

　　　　　一叶知秋　天朗气清

第四组：白雪皑皑　冰天雪地

　　　　　岁暮天寒　寒冬腊月

训练方法：

　　认真听以上每组词语，每听完一个词语，跟读复述。

第一组： 7599　4356　8109　6639

　　　　　2601　4483　1255　8831

第二组： 七上八下　翻江倒海　狐假虎威

　　　　　长河落日　义正辞严

第三组： 山里有座庙　小猫抓老鼠

　　　　　大红灯笼高高挂　一片冰心在玉壶

训练方法：

　　认真听家长念出以上内容，倒述出来，例如，"小狗真可爱"，倒述为"爱可真狗小"。

15

提高语言分辨能力

词语分类（一）

聪明　铅笔　笔记本　苹果　橘子　橙子

电视机　猕猴桃　彩笔　劳动　电烤箱

大雁　唱歌　打印机　火龙果　水蜜桃

回答问题：

1. 你听到的水果有哪些？
2. 你听到的日常生活用品有哪些？

训练方法：

认真听词语，听后回答问题，学会分类。

夜莺　语文课　乌鸦　红领巾　斑鱼　饼干

大雁　樱桃　小丑鱼　鹦鹉　猕猴桃　乌鸦

手表　宝刀鱼　大山　柳树　风车　比目鱼

电视　微波炉　烤箱　金鱼　筷子　孔雀

想念　鲅鱼　小燕子　故事书　老鹰　樱桃

章鱼　小草　啄木鸟　带鱼　旱冰鞋　鲤鱼

北极　葡萄　石榴　麻雀　天鹅

训练方法：

当听到的词语属于"鸟类"时画"△"，属于"鱼类"时画"○"。

词语分类（三）

槐树　胡萝卜　武汉　足球　蘑菇　面包　沙发

颜色　开发区　内蒙古　北京　小草　荷花　火车

黑龙江　书桌　威海　干净　海豚　茄子　白菜

黄豆　奔跑　椅子　南京　狮子　西红柿　杭州

松树　兔子　黄瓜　灿烂　桂林　星星　辣椒

江苏　铅笔　太阳　雪松

训练方法：

　　听到"地名"标记"△"，听到"蔬菜"标记"○"，最后数一下地名和蔬菜分别有多少个。

听句子，找不同（一）

第一组：爸爸骑自行车去上班。

爸爸骑摩托车去上班。

第二组：今天很热。

今天很冷。

第三组：我戴了一顶红帽子。

我戴了一顶蓝帽子。

第四组：生日那天，我很开心。

生日那天，我很难过。

训练方法：

认真听每组句子，找出两句话中不同的一对词组，并说出来。

听句子，找不同（二）

第一组： 今年吐鲁番的葡萄特别多。

今年吐鲁番的水果特别大。

第二组： 今年夏天，气温比往年都高。

今年夏天，温度比去年高。

第三组： 阳光下的鹅卵石，光亮得好像水晶。

阳光下的鹅卵石，光亮得好像金子。

第四组： 给每一条河、每一座山取一个温暖的名字。

给每一条路、每一棵树取一个温暖的名字。

训练方法：

认真听每组中相近的两句话，说出两句话中不同的词组。

20

听句子，找不同（三）

第一组： 体育老师让小明每天跳绳 100 下。

体育老师让小明每天跳绳 1000 下。

第二组： 春天到了，万物复苏，鸟语花香。

春天到了，万物复苏，百花盛开。

第三组： 妈妈买了我最爱吃的甜甜圈。

妈妈买了我最爱吃的巧克力。

第四组： 下周末爸爸带我去游乐园。

上周末爸爸带我去游乐园。

训练方法：

认真听每组中相近的两句话，找出两句话中不同的词组。

听句子，找不同（四）

第一组： 春天，明媚的阳光照耀着村庄。

春天，和煦的阳光辉映着村庄。

第二组： 夏天，花园里百花齐放，姹紫嫣红。

夏天，大地上百花盛开，姹紫嫣红。

第三组： 秋天，金黄的田野里，农民正忙着丰收。

秋天，广袤的田野里，收割机正忙着丰收。

第四组： 冬天，漫天雪飘，白茫茫的大地银装素裹。

冬天，雪花飞舞，白茫茫的大地雪树银花。

训练方法：

认真听每组中相近的两句话，找出两句话中不同的词组。

22

第一组：桃子　乌鸦　苹果　柳树　面包
　　　　桌子　葡萄　上学　橘子　河流

第二组：松鼠　樱桃　大衣　香蕉　牛羊
　　　　森林　西瓜　杧果　玉米　丰收

训练方法：

把每组中听到的水果按顺序说出来。

苹果	书桌	汽车	鲨鱼	橙子	音响	菠萝
兔子	樱桃	手机	轮船	橘子	上海	风筝
苦瓜	书包	袋鼠	冰箱	葡萄	爷爷	海鸥
积木	钢琴	电视	海豚	杧果	倾听	拖把
山羊	白云	香蕉	天气	石榴	鸭梨	老虎
医生	熊猫	木瓜	大海	北京	白羊	青蛙

训练方法：

一边听以上词语，一边数一下动物有多少种。

青蛙　苹果　刺猬　劳动　大灰狼　橘子

海水　猴子　杧果　车站　乌龟　黄豆

橙子　蜗牛　西瓜　小花猫　坚强　香蕉

荔枝　山羊　露珠　老虎　樱桃　企鹅

菠萝　老鼠　美丽　花朵　蝴蝶　猕猴桃

壮观　松鼠　关灯　蜘蛛　石子　小鸟

训练方法：

一边听以上词语，一边数一下水果有多少种。

词语分辨（四）

第一组：苹果　樱桃　葡萄　西瓜　哈密瓜

问："西瓜"排在第几位？

第二组：水星　太阳　土星　地球　金星　火星

问：第三个词语是什么？

第三组：海鸥　燕子　蝴蝶　蜻蜓　海豚

问：哪个词语和其他四个词语不同类？

训练方法：

听完以上问题后，要求孩子回答正确答案。

第一组：汽车　枣子　黄瓜　青草　毛巾

　　　　铁锅　鸡蛋　花生　皮球　橡皮

第二组：菠萝　大树　手套　核桃　书包

　　　　钢笔　橘子　面包　头发　运动帽

训练方法：

把听到的每组词语中的食物名称按顺序说出来。

词语分辨（六）

第一组： 松鼠　表扬　山楂　草地　开心　奇特
　　　　　狮子　杂志　电视

第二组： 樱桃　衣服　蜜蜂　羚羊　鞍山　猴子
　　　　　地球　熊猫　橡皮　小船　青蛙

训练方法：

把听到的每组词语中的动物名称按顺序说出来。

28

数字分辨（一）

第一组：65423

第二组：54602

第三组：31759

第四组：46358

第五组：51264

第六组：48563

训练方法：

认真听每组数字，回答：每一组"5"后面的第一个数字是多少。

90673　90146　57346　54902　48735

64873　46732　73732　62731

38735　64675　90469　18736　90462

46756　19001　39087　46173

训练方法：

认真听数字，听第一遍时指出指定数字"02"出现的次数，听第二遍时指出指定数字"46"出现的次数。

数字排序

第一组：90、87、86、85、82、81、80、78、77、76、75、73、72、71、68、67、66、65、64、63、62、61、59、58

第二组：65、67、70、72、74、76、78、79、82、83、84、85、86、87、88、89、91、93、94、95、96、97、98、100

第三组：40、42、43、45、46、47、48、49、51、53、54、55、56、57、58、59、62、63、64、65、66、67、69、70

训练方法：

听以上每组数字，将按规律排列的数字中遗漏的数字，记录下来。

答案：

第一组：89、88、84、83、79、74、70、69、60
第二组：66、68、69、71、73、75、77、80、81、90、92、99
第三组：41、44、50、52、60、61、68

找不同

第一组：狮子　彩虹　老虎　海豚　豹子

第二组：猩猩　松鼠　海象　丝瓜　刺猬　蜻蜓

第三组：牡丹　桃子　荷花　百合花　玫瑰　月季花

第四组：电视　沙发　电脑　冰箱　洗衣机　微波炉

第五组：海鸥　熊猫　兔子　土豆　松鼠　老虎

训练方法：

　　仔细听以上词语，每组当中都有一个词语与其他词语不同类，把它找出来。

提高阅读理解、表达能力

阅读理解（一）

两只小猫

一只小花猫在路上遇到了一只黑色的小猫，于是两只小猫成了好朋友，它们一起玩耍。玩着玩着，突然发现远处有一只黄色的气球，小花猫走过去想把气球衔过来和朋友一起玩，走近发现，这个气球很奇怪，上面有很多长长的针，用手一摸，手被扎得好痛，这是怎么回事呢？哦！原来它是一只小刺猬！

训练方法：

父母给孩子讲上述故事，孩子要认真听故事，听完回答问题。（可反复进行训练）

回答问题：

1. 故事中有几个带颜色的词语？
2. 小花猫在路上遇到了谁？

3．两只小猫玩耍时在远处看见了什么?

4．两只小猫玩耍时在近处看见了什么?

5．气球在文章中出现了几次?

1．2个。　　2．小黑猫。　　3．气球。　　4．小刺猬。　　5．3次。

报恩的老鼠

狮子睡着了，一只老鼠跳到它身上。狮子被老鼠弄醒了，立刻把老鼠捉住，要吃掉它。老鼠请求饶命，说将来会报答狮子的恩情。狮子朝它笑了笑，把它放了。后来狮子被猎人捉到，用绳子捆在树上。老鼠听到狮子的叹息声，跑过来咬断了绳子，把狮子放跑了。老鼠说："你当时笑我，以为我报答不了你的救命之恩，现在该晓得我还是有用的了吧？"

狮子说："你说得对，真该谢谢你！不过你能不能再帮我一次忙呢？"老鼠问："还要我帮什么忙呢？"狮子说："我现在肚子有点饿。"见鼠不解，狮子便张口往老鼠身上靠，老鼠顿悟，忙说："且慢，先说说道理，我再献身不迟。上次你没吃掉我，这次我救了你，咱俩扯平了，你怎能再吃掉我呢？再说，你一会儿放了我，一会儿又要吃我，这算怎么回事呢？"

狮子笑笑说："上次我肚子还不饿，现在是真饿了。再说，你应该懂得什么叫作弱肉强食吧？"

老鼠没等狮子说完，一溜烟逃走了。逃走后的老鼠以后只要听到有人说"鼠辈"，气就不打一处来。老鼠愤怒异常："什么叫鼠辈？难道那些威猛的大家伙里就没有小人吗？"

训练方法：

认真听故事，听完回答问题。

回答问题：

1. 老鼠和狮子总共遇到了几次？
2. 狮子和老鼠，谁救了谁？
3. 老鼠最后被狮子吃掉了吗？

答案：

1. 2 次。
2. 老鼠救了狮子。
3. 没有。

掩耳盗铃

很久以前，在一个村子里住着一个小偷，这个小偷很笨。

一天，他想要偷别人的铃铛。可是，铃铛是挂在大门上的，而且只要一碰就会当当地响。怎么办呢？于是他想：我把自己的耳朵捂住，不就听不见铃铛的声音了吗？这真是个好办法呀！

于是在晚上，他来到别人的大门前，把铃铛拿下来，铃铛开始当当地响，他怕别人听见，马上把自己的耳朵捂住，以为自己听不见，别人也就听不见了。可是他捂的是自己的耳朵，只有自己听不见，大家都听见了当当的声音，跑出来把这个笨小偷抓住了。

训练方法：

认真听故事，听完回答问题。

回答问题：

1．小偷想偷什么？　2．铃铛是挂在哪儿的？

3．小偷打算怎样偷铃铛？　4．小偷偷铃铛的结果如何？

答案：

1．铃铛。　2．别人家的大门上。

3．把自己的耳朵捂上偷铃铛。　4．被抓住了。

37

船夫和他的儿子

冬天，气温很低，船夫划船外出时，把儿子也带了去。

船夫划船太用力了，觉得身体很热，就脱下外衣，只穿了一件单衣。

他跑进船舱，对儿子说："太热了，我来给你把外衣脱掉！"于是把儿子的外衣脱掉了。

船夫又划了一程，浑身热得淌汗，他索性把自己穿的一件单衣也脱掉。

接着他又走进船舱，又把儿子的衣服脱得精光。

船夫继续划船，身上冒着热气，淌着汗。他可怜的儿子，在船舱里已经冻得不行了。

训练方法：

认真听故事，听完回答问题。

回答问题：

1. 船夫划船是什么季节？
2. 船夫自己脱了几次衣服？

3．船夫给儿子脱了几次衣服？

4．船夫给儿子脱衣服的后果如何？

答案：

1．冬季。　2．2次。　3．2次。　4．冻得不行了。

动物公共汽车

一辆公共汽车从始发站开出时，车上有一头狮子、三只猴子和一只松鼠。

第一站：下了一头狮子，上了一只老虎。

第二站：下了一只松鼠，上了一只兔子。

第三站：下了两只猴子和一只老虎，上了两只山羊。

第四站：下了一只兔子，上了一只兔子。

第五站：下了一只山羊，上了一只猫。

第六站：下了一只山羊，上了一只狗。

训练方法：

认真听故事，听完回答问题。

回答问题：

1. 开车时车上有几种动物？

2. 猴子在第几站下的车？

3. 以上一共出现过几种动物？

4. 汽车一共经过几站？

5. 狮子下车了吗？在第几站下的车？

1．小樱有一个芭比娃娃。

2．小樱有一个粉色的芭比娃娃。

3．小樱有一个粉色的可爱的芭比娃娃。

4．小樱有一个粉色的可爱的会说话的芭比娃娃。

5．小樱有一个外婆送的粉色的可爱的会说话的芭比娃娃。

训练方法：

家长读一句，孩子跟着读一句，重复不断延长的句子。

1．小猫跳上书桌。

2．小猫敏捷地跳上书桌。

3．一只小猫敏捷地跳上书桌。

4．一只小猫看到老鼠，敏捷地跳上书桌抓老鼠。

训练方法：

家长读一句，孩子跟着读一句，重复不断延长的句子。

1. 莉莉写作业。

2. 莉莉在小雨家写作业。

3. 莉莉周六晚上在邻居小雨家的书房里写作业。

4. 莉莉周六晚上在邻居小雨家的书房里写老师布置的作业。

5. 莉莉周六晚上在邻居小雨家的书房里写老师布置的语文作业。

训练方法：

家长读一句，孩子跟着读一句，重复不断延长的句子。

1. 璐璐有一个日记本。

2. 璐璐有一个红色日记本。

3. 璐璐有一个带有卡通图案的红色日记本。

4. 璐璐有一个姥姥送的带有卡通图案的红色日记本。

5. 璐璐有一个姥姥送的她很喜欢的带有卡通图案的红色日记本。

6. 璐璐有一个姥姥春节送的她很喜欢的带有卡通图案的红色日记本。

训练方法：

　　家长读一句，孩子跟着读一句，重复不断延长的句子。

1. 妈妈买了苹果。

2. 妈妈买了苹果、土豆。

3. 妈妈买了苹果、土豆、鲫鱼。

4. 妈妈买了苹果、土豆、鲫鱼、牛排。

5. 妈妈买了苹果、土豆、鲫鱼、牛排、蛋糕。

6. 妈妈买了苹果、土豆、鲫鱼、牛排、蛋糕、香蕉。

7. 妈妈买了苹果、土豆、鲫鱼、牛排、蛋糕、香蕉、面包。

8. 妈妈买了苹果、土豆、鲫鱼、牛排、蛋糕、香蕉、面包、围巾。

训练方法：

家长读一句，孩子跟着读一句，重复不断延长的句子。

第一组：**63346**

第二组：**54623**

第三组：**13534**

第四组：**12759**

第五组：**02683**

第六组：**45584**

训练方法：

　　仔细听以上几组数字。分别给每组的每个数字加上"1"。例如，听到"12546"，每个数字加1，要说成"23657"。

提高听动协调能力

数字听动协调 （一）

19026	25819	93212	59218	56493
45412	52671	61297	08912	61956
78569	42123	47619	19308	98701
36941	95793	12368	12096	31859
09816	35148	42971	59810	97440

训练方法：

听到 1、9 做手势，听到 1 举左手，听到 9 举右手。听到后立刻做出动作，要求又快又准确。

数字听动协调（二）

第一组：5896449437

第二组：4563582126

第三组：3722613725

第四组：8371234654

第五组：2589298521

第六组：4256398732

训练方法：

　　家长依次念出以上数字，孩子认真听，当听到"2"这个数字时请起立。

词语听动协调（一）

第一组： 钢笔　杧果　电脑　饮料　榴梿

第二组： 尺子　桌子　樱桃　水蜜桃　键盘

第三组： 西瓜　字母　毛衣　书包　耳机

第四组： 苹果　橘子　盘子　水杯　黑板

训练方法：

　　认真听词语，当听到关于水果的词语时，孩子请起立；听到其他词语则坐下。

词语听动协调 （二）

第一组： 铅笔　书本　公交车　苹果　卡车　老师

第二组： 拥抱　葡萄　货车　可乐　夜晚　书桌

第三组： 飞机　毛巾　电影　火车　汽车　花瓶

第四组： 姐姐　妈妈　救护车　地板　马车　白云

训练方法：

　　认真听词语，当听到交通工具时跺一下左脚，听到其他词语时保持不动。要求快速反应。

词语听动协调（三）

第一组： 铅球　三轮车　帆船　话务员　篮球

第二组： 照相机　雨伞　旅行箱　大葱　打印机

第三组： 美容师　歌唱家　黄瓜　猕猴桃　汽车站

第四组： 电视机　手机　空调　科学家　文学家

训练方法：

　　认真听词语，当听到三个字的词语时拍一下手，听到两个字的词语时拍两下手。

恐龙	文具	次品	海豹	书包	鲸鱼	歌曲
绘画	蝴蝶	彩虹	蜻蜓	珊瑚	乌龟	讲台
蚯蚓	广州	争气	汽车	企鹅	生活	赞扬
天鹅	争光	海鸥	钢笔	海狮	墨水	画家
燕子	蚂蚁	面包	河流	狮子	送礼	青蛙

训练方法：

认真听词语，当听到动物类的词语拍一下手，听到其他词语不做反应。

词语听动协调（五）

第一组： 三心二意　七上八下　独一无二
　　　　　顺顺利利　四面八方

第二组： 干干净净　人来人往　五颜六色
　　　　　车水马龙　十全十美

第三组： 横七竖八　春光明媚　五湖四海
　　　　　九牛一毛　小心翼翼

第四组： 兴高采烈　一目十行　坚如磐石
　　　　　六神无主　七嘴八舌

训练方法：

　　认真听词语，当听到包含数字的词语时举起左手。

53

听动协调（一）

第一组： 电脑　相册　9　空调　7

第二组： 4　水瓶　毛巾　1

第三组： 老师　5　4　可乐　牛奶

第四组： 画板　4　窗帘　2　楼房

训练方法：

　　认真听每组词语或数字，当听到数字时拍一下手，听到词语时不用拍手。

小鸟　青蛙　燕子　蝴蝶　狮子　梅花鹿　孔雀

螃蟹　鲨鱼　老鼠　土豆　北京　章鱼

鲸鱼　兔子　铅笔　长颈鹿　龙虾

火车　山羊　蝌蚪　老虎　故宫　鳄鱼

训练方法：

　　认真听词语，当听到地上跑的动物，双手拍一下；听到水里游的动物，跺一下右脚；听到其他词不做反应。

听动协调（三）

第一组：蹲下　站起　举左手　举右手

第二组：左手摸鼻子　右手摸右眼

　　　　右手摸左眼　左手摸后脑

第三组：右手摸后脑　左手捏右耳

　　　　左手揪耳朵　右手捏鼻子

第四组：左手捏左耳　右手捏右耳

　　　　左手摸右手　左手摸左眼

第五组：右手摸右眼　双手摸头发

　　　　右手摸额头　双手揪耳朵

第六组：右手摸右眼　右手捏左耳

　　　　右手捏右耳　左手摸右眼

第七组：左手摸额头　右手拍左肩

　　　　左手拍右肩　右手摸额头

训练方法：

　　要求根据以上每组指令做相应的动作。

苹果	樱桃	桌子	香蕉	飞机
香蕉	货车	杨梅	樱桃	火车
鸭梨	手表	台灯	香蕉	轮船
桃子	樱桃	葡萄	香蕉	樱桃
杧果	可乐	香蕉	芬达	樱桃
酸奶	香蕉	奶茶	樱桃	香蕉
牛奶	葡萄	樱桃	骆驼	香蕉
樱桃	狮子	鳄鱼	香蕉	樱桃
樱桃	香蕉	香蕉	葡萄	
野猪	樱桃	菠萝	柠檬	

训练方法：

认真听词语，当听到香蕉时请举手，听到樱桃请点一下头。

家长提前用手机录一些常见的声音，比如：开门声、流水声、狗叫声、猫叫声、敲门声、海浪声、风声……

训练方法：

播放音频，让孩子分辨是什么声音。

第二部分　视知觉

数字追踪（一）

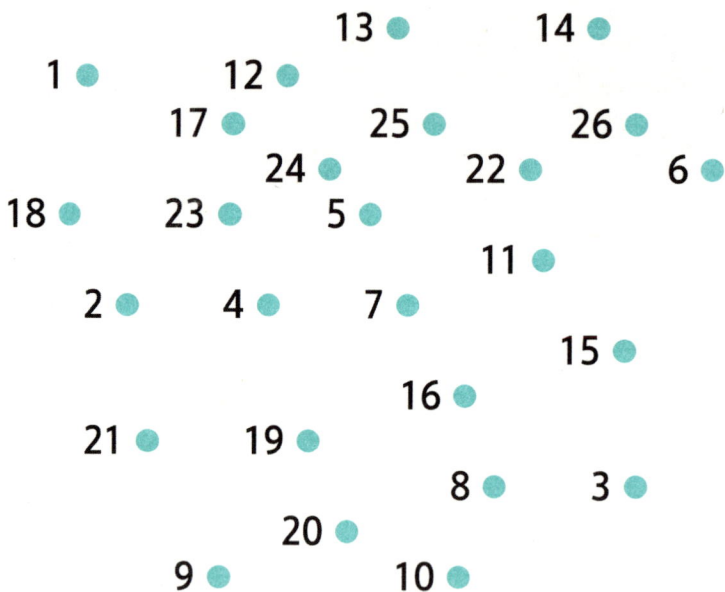

训练目的：

锻炼视觉追踪能力。

训练方法：

将数字 1 ~ 26 按顺序依次连线。

评判标准：2 分钟内完成为合格，1 分钟内完成为优秀。（评判标准仅供参考）

数字追踪（二）

21	12	24	28	19	1
18	26	20	11	16	8
27	10	29	32	3	34
17	15	22	30	4	33
9	7	25	5	2	35
6	23	13	31	14	36

训练目的：

锻炼视觉追踪能力。

训练方法：

按照数字 1 ~ 36 的顺序，从 1 开始查找，一直找到 36，最后记录所用时间。

要求：在 2 分钟内完成。

b q p b d q p b p b

b d q d q q d p d q

p b q d b d q d d q d

d d q b q b d q d q b b

p d p b d q b q b b p p d

b d q d d p b d q d q

b d q b b p q q d d d b p

q d q p d b d q b d p q b

训练目的：

锻炼视觉分辨能力和专注力。

训练方法：

找出字母中的 p，用圆圈圈出来。

找出字母中的 b，用三角形圈出来。

要求在 2 分钟内完成。

亏弓亏亏亏亏弓亏宁亏宁弓亏亏亏亏弓宁亏亏弓

回答：与"亏"不一样的字，共（　　）个。

少少少小少少小少少小少少少小少少少小少少

回答：与"少"不一样的字，共（　　）个。

友友支友友支友支友支友支友友友支友友支友

回答：与"友"不一样的字，共（　　）个。

大太大大大大太大太大大太大大太大太大大大

回答：与"大"不一样的字，共（　　）个。

目目目目目目目目目目目目目目目目目目目目目

回答：与"目"不一样的字，共（　　）个。

晴晴晴情晴请晴晴晴情晴请晴晴情晴请晴晴

回答：与"晴"不一样的字，共（　　）个。

误娱娱误误误娱误误误娱误误误误误误误误误

回答：与"误"不一样的字，共（　　）个。

折折拆折拆折折拆拆折拆折折拆折拆折折折

回答：与"折"不一样的字，共（　　）个。

训练目的：

锻炼视觉分辨能力和专注力。

训练方法：

按照要求，找出每组中不一样的汉字，用圆圈圈出来，并把每组不同汉字的个数记录下来。

要求：2分钟内完成。

字母分辨

g n g n e m m r m f n f m f v n v v f i f o f n f i o n f i v f n b g l m c s
l f n f n m v s i o e l s d n s w e u g v d e k k v n s s f j e w f n f m s o
i d s v l n z m s n d i u h s e e b f j i n f s s i j s v s v k l v j f v l u v h s
v v l j v i f v h f b i m m s d v n v n n s v v k v m n v s v m s m m v m
v s n v n n s v n n v n m v v m n d j v n v f v j f i j v l f e n m n n n
i s v d v j v m f n v f i v v n v m v m f b f i j b r n v m f r t h n t m g r
m e g n g r e g n t r h m r t h n m m n e r g m r t n h r t n e g m e n
n b g g n t r g m e h r t b u f g t t h h e f n e n n g n n w e m g r g e
m h n m g e r m g r g n r m g t h n r t h h e h e n m g r m h e r g j e
r k e h n h n r m t h e h e m h m e j m e g

回答：m（　　）个，n（　　）个。

训练目的：

锻炼视觉分辨能力和专注力。

训练方法：

把各行中的 m 和 n 找出来，m 画上圆圈，n 画上横线，并分别写出个数。

要求：3 分钟内完成。

※	#	◎
m	f	g

#	◎	※	◎	#	◎	※	#
※	◎	#	※	#	※	◎	#
※	#	◎	#	※	#	◎	※
◎	※	#	#	◎	※	#	※

训练目的：

锻炼视觉观察能力、专注力。

训练方法：

请根据规定的译码规则，将表中的空白处填写完整。

要求：2 分钟内完成。

66

A: 678421863851408

B: 381787563917883

C: 336473821456784

D: 19287747837098

E: 981768543428768

F: 128456781938567

训练目的：

锻炼视觉记忆，提高快速运算能力。

训练方法：

在以上每组数字中，找到 7 左边的数字，在该数字下写上 10 减去该数字的结果。

要求：5 分钟内完成。

```
7  8  5  2  1  6  7
4  9  8  6  8  7  9
6  1  2  4  6  9  8
5  7  2  2  6  9  5
9  7  4  2  5  3  5
6  7  6  4  5  0  8
8  1  8  6  4  7  8
6  2  5  4  5  5  1
8  4  8  5  2  4  8
6  7  3  5  4  7  7
6  5  8  6  7  8  3
8  6  2  4  7  6  3
2  3  2  6  7  9  2
3  4  5  6  7  9  7
```

训练目的：

锻炼视觉分辨能力和视觉追踪能力。

训练方法：

从左到右，一行行地检查每个数字，把数字"6"用斜线画掉，把"7"用圆圈圈起来。

要求：2分钟内完成。

△○□☾⬠

□□□□♡▱▭

△○□△△△☾☾

△○□○○□□

△○□☾☾☆

△○□○○□○○

△△△○□□△○△

○○△▱♡♡♡

□□

△○□☾♡☆♡

△( )↑   ○( )↑   □( )↑

锻炼视觉观察能力。

请仔细观察图卡上的图标，只许用眼睛观察，不能用手指或笔辅助，数一数所指定的图形一共有多少个。

要求：2分钟内完成。

找出反义词

```
快 西 上 冷 热 南 短 对 北 热 大 香
左 冷 小 大 高 胖 北 臭 高 上 快 慢
长 瘦 多 有 少 多 短 下 长 上 右 右
后 右 下 后 白 高 低 大 南 黑 落 大
大 长 高 小 大 双 升 早 长 小 多 大
上 单 降 晚 长 起 少 无 前 前 上 下
下 前 小 大 后 前 下 上 长 长 矮 大
对 错 对 下 北 热 西 错 长 短 长 后
南 上 冷 短 错 长 坐 错 错 短 右 左
前 南 北 下 北 热 下 上 后 后 冷 热
  下 热 冷 后 小 大 短 后 后 上 下
  热 后 前 下 错 长 前 后 下 冷 小
```

训练目的：

锻炼视觉分辨能力、思考能力。

训练方法：

圈出左右或上下相连的反义词，例如，南北、上下、大小等。
要求：5 分钟内完成。

人类的　好朋友　小狗　是

果园里　水果　各种各样的　成熟了

办法　他　一个　想出了　终于

红领巾　老师　戴上　给我

美丽　山坡上的　开得　映山红　非常

知识　我　学到　课外　书　从　许多　中

训练目的：

锻炼视觉排序能力。

训练方法：

仔细观察每组词语，在最短时间内将每组词语排成一句话。可以直接用语言表达出来。

要求：3 分钟内完成。

33333333383333333383333383333333393333333
3033333343　　　　　　　　　　记录（　）个

55555655555655555655555555565555555655555
56555556555565　　　　　　　　记录（　）个

11117111111111711711111117111111171111117
11111117　　　　　　　　　　记录（　）个

44444447444441444444744441744444447444414
4447444444　　　　　　　　　记录（　）个

AAAAAMAAAMMAAAAAMAAAAMAAAAMAAAAMAA
AM　　　　　　　　　　　　记录（　）个

CCCCSCCCCCCCCCOCCCCCCCCCCOCCCCCCCOCCCC
COC　　　　　　　　　　　记录（　）个

DDDDDBDDDDDDBDDDDDDDDDDDBDDDDDDDD
DDDDDB　　　　　　　　　　记录（　）个

NNNNNNMNNNNNNNNNNNNNNNNNNNNNNNNMN

NNNNMNNNNM 记录（ ）个

0000000006000000006000000600000000600060000

000006600000 记录（ ）个

8888888883888888388888838888838888838888

88388888838 记录（ ）个

人人人人人八人人人人人人八人人人人人八人人人

人八人人人人 记录（ ）个

正正正正正正五正正正五正正正正正正五正正五

正正正正正五 记录（ ）个

训练目的：

锻炼视觉分辨能力和专注力。

训练方法：

把每组与众不同的数字、字母或者汉字找出来，画横线，并记录个数。

要求：2分钟内完成。

7 6 8 9 5 6 5 4 6 3 4 2

6 5 5 7 9 8 3 5 5 3 2 8

4 2 7 9 4 8 5 2 6 3 1 3

4 6 3 1 9 6 2 1 9 4 6 7

3 1 2 4 5 3 5 7 9 4 2 8

训练目的：

锻炼口算能力和专注力。

训练方法：

将上下、左右两两相邻加起来等于 10 的数字用圆圈圈出来。

要求：3 分钟内完成。

```
3 2 5 8 8 3 9 4 2 8 2 9 2 8 9 7 8 6
2 3 6 5 9 8 7 8 9 7 8 9 4 5 4 6 5 4
1 2 3 6 8 4 5 4 6 8 7 5 6 4 5 6 2 1
8 5 4 5 6 4 8 6 9 3 1 2 3 1 6 5 4 6
4 5 6 4 8 6 8 7 3 4 6 8 0 5 3 2 3 1
4 6 8 9 2 2 3 1 8 4 5 3 4 1 5 7 2 3
3 5 5 4 6 4 2 3 1 1 6 5 7 4 7 5 6 3
5 2 1 3 1 8 4 2 3 1 7 2 3 1 5 6 6 1
2 5 8 9 6 3 1 4 7 8 5 6 1 3 4 5 8 9
```

训练目的:

锻炼视觉分辨能力、专注力,减少看错数、看错行现象。

训练方法:

家长读任意数字,要求孩子在最短时间内圈出指定的所有数字。

评判标准:出错率在 10% 以内为合格,没有错误为优秀。

捕捉字母

k : g h j k i y u t g k n v k h g b k l
y : m k s j h k s k s j s n x k d s k a y n m y
u : y e u l o e h j c j k a s n m a s d
o : l j g y u o m s u i f h a p o j k s
g : k f j g h f g s k s l f g g d o p m
s : l j s h d j d u s g h s l d h s o j
i : n j d l d b h j k a s h j c j k o b
n : m n s d j d f b n x i a b n j l o n
a : i n j a i k a h f i d n b a i o j d

训练目的：

锻炼视觉分辨能力，减少看错字母现象。

训练方法：

把每行字母中冒号之前的指定字母找出来，并在相应字母上画圈。

要求：2 分钟内完成。

（1）长两三心二短意三

_____

（2）秋全美十气十爽高

_____

（3）机灵一当一马先动

_____

（4）一目既往十一行如

_____

（5）无采直口打水精流

_____

（6）大开洋喜笑怀气洋

_____

（7）放怒飞扬心花神采

_____

（8）万雪里鹅云大毛无

_____

（9）见山四面开门八方

_____

（10）五一光色十一十五

_____

- -

对号入座

序号	A	B	C	D	E	F	G	H	I	J
4	意	大	空	队	看	更	连	奶	妈	午
3	后	婵	兴	家	前	诗	去	太	网	定
1	闭	总	会	画	专	以	净	着	和	唱
5	同	干	千	早	级	难	才	放	香	笑
2	女	主	非	童	看	向	蚁	工	房	听
6	明	合	收	林	蚂	秀	长	赶	先	语

意：   大：   秀：   笑：   更：

级：   合：   诗：   和：   主：

训练目的：

锻炼视觉追踪能力、观察能力。

训练方法：

依据表格，在要求的汉字后面，写上对应的位置，比如：闭（A1）。

要求：在 3 分钟内完成。

○	★	●	○	☆	★	●	☆	★
☆	☆	○	☆	★	●	○	●	☆
○	●	★	●	☆	○	★	☆	●
☆	★	○	★	○	☆	●	☆	○
●	○	★	☆	○	●	★	★	●
●	☆	☆	●	○	★	●	○	★
★	○	●	○	☆	☆	○	●	☆
☆	○	★	●	★	●	★	○	☆
○	●	☆	○	★	○	●	☆	★
●	☆	○	★	●	○	☆	○	●
☆	○	☆	●	★	○	★	○	☆
●	☆	○	★	○	●	☆	★	●
★	●	●	○	☆	○	○	☆	★

请在下面填上正确的字符数量。

●		○		★		☆	

训练目的：

锻炼视觉分辨能力和专注力。

训练方法：

在规定时间内，分别数出每种图形的个数。

要求：在 3 分钟内完成。

大大大大大太大太大大大大大太大大大大太大大大
太　　　　　　　　共（　）个

YYYYWYYYWYYYYWYYYYYWYYYYWYYYWYYY
YYYYYWYYYYY　　　　　共（　）个

友友友支友友支友友支友支友支友友友支友友支友
支　　　　　　　　共（　）个

日日目日日日日日日日日日日日日日日日日日目日
日　　　　　　　　共（　）个

888888988988988988889888898888988898
88988　　　　　　　共（　）个

5555555555555556555555565565565655555655
5565555　　　　　　共（　）个

YTTTYTTTYTTTTYTTTTTTYTTTYTTTYTTTTYY
TTTTTY　　　　　　共（　）个

人人人人八人人人八人人八人人八人人人人八人人
人　　　　　　　　共（　）个

84

六六立六六立六六六立六六六六立六六六六立

六六六　　　　　　　　　共（　　）个

少少少少小少少少少小少少少少少小少少少少小少少少少

小　　　　　　　　　　共（　　）个

友友友支友友友支友友友友友支友友支友友友支

友　　　　　　　　　　共（　　）个

CCCCDCCCCDCCCCDCCCCDCCCCDCCCCDCCCCDCCCC

CDCCCCCDCC　　　　　　　共（　　）个

儿儿儿几儿儿儿几儿儿儿几儿几几儿儿儿儿几儿几

儿　　　　　　　　　　共（　　）个

YTTTYTTTYTTTTYTTTTTTYTTTYTTTYTTTYYTTTYY

TTTTTY　　　　　　　　共（　　）个

- -

训练目的：

锻炼视觉分辨能力，改善看错题、写错字等现象。

训练方法：

用圆圈圈出每组中与众不同的数字、字母和汉字，并记录个数。

要求：在 3 分钟内完成。

85

g：asfgjghlkjhiytuinbthigvytjtadeiad iaeadadgg

（　　）个

p：oaqtyvnrna i oncyreuipcmyrtpvtnerioaaeadxskf

（　　）个

c：bumcukondcuifgbcergvhcinfgcvfunycieacaacgcf

（　　）个

f：jytoiuvbojteyvhfoguughofadadeafoutexfmneoa

（　　）个

w：qweiop j i l awermndeftaxagetyawdxhdcyawdw
ahfh　　　　　　　　　　　　　　　（　　）个

o：acdiotungndoi ufdgbatuoodoadaaedtdyuluoorws

（　　）个

训练目的：

　　锻炼视觉分辨能力和专注力。

训练方法：

　　找出每行字母中所标出来的字母个数，填写在括号内。

　　要求：在 2 分钟内完成。

633-57+86-685+75-879-74-64-65+786-67+7765-76　　　　　　记录（　　）个

65+653-564+87435+657-456+678-+98+765-654+31　　　　　　记录（　　）个

87-65-40+32+674+54-38-78+80476+789+32+43-650-1-45+76　　　　　　记录（　　）个

345+54+65-789-90+549+43+56-760-12-56+54+409　　　　　　记录（　　）个

569+43+57-21-43+54-54-54+120+430+479-76-976　　　　　　记录（　　）个

67-93-43213+76+70+809+509+43-+674

　　　　　　记录（　　）个

968+47+35-462+467+32+576+50-58-89+48

　　　　　　记录（　　）个

389+487−89−76+465−320−89+576+90+47+43−90−

322   记录（   ）个

32−43+768+308+46+32−46−490−21+487+43+

468+376   记录（   ）个

39+567+398−58+598−433−58+336−98−66−345−

587+586+386−5   记录（   ）个

587+350−21+547+54+48+56+5−576+498−34−32−

7+576+   记录（   ）个

446+57−56−365+587+58+57+372−576−37−

37+576+54−5   记录（   ）个

- -

训练目的：

　　锻炼视觉分辨能力和视觉理解能力，减少看错符号的情况。

训练方法：

　　顺次读出每个题目中的符号，并记录每组符号的个数。
　　要求：在 4 分钟内完成。

5 6 5 3 4 7 9 2 8 0

6 0 3 4 9 6 5 2 1 8

0 3 6 9 5 2 1 5 7 9

3 7 2 0 5 9 3 1 2 4

2 6 9 1 0 6 4 1 3 4

1 2 6 8 7 1 6 5 1 5

2 9 0 9 1 6 4 7 1 7

训练目的：

锻炼视觉追踪能力和数学计算能力。

训练方法：

遇到 3 加左边的数字，遇到 6 加右边的数字，遇到 9 加上面的数字。

要求：在 4 分钟之内完成。

补充数字

左边

9687497842486572343564 5382

3123564454 7335812792810654

0783210545688 2415354212335

602342123463879 78465817065

13516347863495766204315313

960650435571 32532512332312

6351487965423652 1458976549

89854 12365478966 3531025984

260148845395238 54138254746

84854534552367358 136591538

右边

9 874 78424865 2343564 382

31 3564454 335812 2810654

07 32105 568 24153 4212335

60 3421 34 38 97 4658 7065

135 634 8634 57662 4315313

96 65043 571 25325 332312

63 1487 6542 6521458976 49

898541 36547 9663 3102 984

26 1488 5395 38541382 4746

84 54534 236 35813 591538

训练目的:

锻炼视觉追踪能力和专注力,减少看错数、抄错数、漏字、跳字等现象。

训练方法:

参照左侧数字,将右侧空缺的数字填写完整。

要求:在 4 分钟内完成。

字母对应

qaope—qeobe

cywrp—oywrp

polcg—polof

qpkio—bdkio

wvcbl—vwcbi

pqbdo—qqbdo

abnmo—abmmo

pclik—qailk

qpysd—qpvzd

bokgh—bokhh

teaho—teano

rccbq—rocbq

mnkao—mnkgo

bnmkl—bmnkl

numnu—nmnun

pbmyi—pbmyl

polua—qolua

vebdm—vebdn

训练目的：

锻炼视觉分辨能力。

训练方法：

仔细观察每组字母，将横线右边与左边对应位置的不同字母圈出来。

要求：在 3 分钟内完成。

藕断丝连（一）

凉州词

〔唐〕王之涣

黄河远上白云间，一片孤城万仞山。

羌笛何须怨杨柳，春风不度玉门关。

```
    黄●      河●      一●
  城●    仞●    山●
度●    远●    怨●    关●      杨●
  羌●    笛●    柳●    云●
  片●    孤●    春●    门●    玉●
何●    风●    须●    不●    白●    间●
          万●    上●
```

训练目的：

锻炼视觉追踪能力。

训练方法：

根据古诗的顺序，将字用直线连起来。

技巧：不要看一个字连一个字，尽量熟悉整首诗，再连线。

要求：在 3 分钟内完成。

92

春晓

〔唐〕孟浩然

春眠不觉晓，处处闻啼鸟。

夜来风雨声，花落知多少。

```
      不●       晓●       闻●
处●       眠●       春●
            夜●       风●       花●
觉●       雨●       处●
      声●       多●       鸟●
            少●       落●       啼●
      来●       知●
```

训练目的：

锻炼视觉追踪能力。

训练方法：

根据古诗的顺序，将字用直线连起来。

技巧：不要看一个字连一个字，尽量熟悉整首诗，再连线。

要求：在 3 分钟内完成。

成语连线

十全	二意
五光	不绝
四面	十行
神采	平川
一目	十色
三心	见山
喜气	十美
鹅毛	飞扬
开门	大雪
一马	八方
滔滔	洋洋

训练目的：

锻炼视觉追踪能力。

训练方法：

将左右两边的词语进行连线，组合成为一个完整的成语。

要求：在 1 分 30 秒内完成。

绝句

〔唐〕杜甫

两个黄鹂鸣翠柳，一行白鹭上青天。

窗含西岭千秋雪，门泊东吴万里船。

个	秋	泊	岭	东	窗	万
含	柳	两	上	雪	吴	船
黄	鹭	西	翠	行	天	鸣
门	里	一	鹂	千	白	青

训练目的：

锻炼视觉追踪能力。

训练方法：

将图片上方的古诗词遮住，按照古诗的正确顺序，将方格内的汉字读出来。

要求：在 3 分钟内完成。

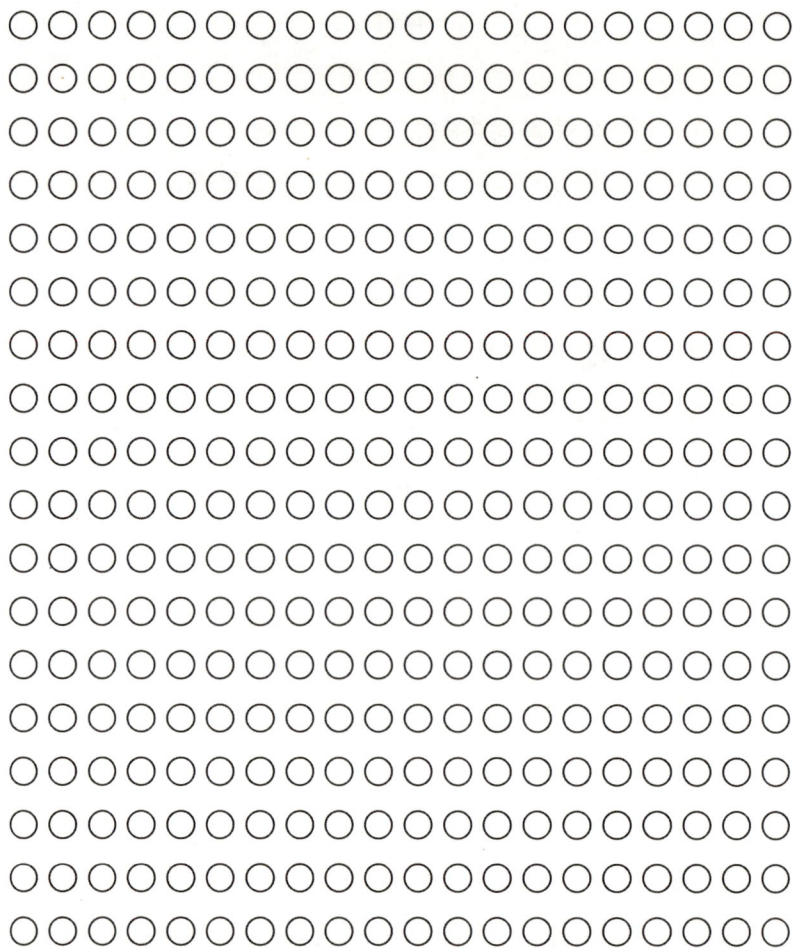

训练目的：

锻炼手眼协调能力，提升专注力。

训练方法：

手肘保持悬空状态，用笔以最快的速度在每个圆圈内打点，打在圈外的点不计数。要求：提高打点的速度，尽量打在圈内。

计算公式：

打在圈内的点数 ÷ 所用时间。数值越大，说明注意力越集中。

数字对号入座

序号	A	B	C	D	E	F	G	H	I	J
1	046	038	054	034	026	028	017	016	098	045
2	073	013	055	065	018	037	044	077	029	025
3	062	051	047	020	041	040	061	066	060	043
4	071	095	043	080	053	081	069	063	073	070
5	039	077	082	090	076	085	083	049	041	099
6	056	036	021	017	045	067	092	094	064	005
7	087	021	082	074	009	018	004	019	029	050

050：　　　060：　　　099：　　　044：　　　021：

077：　　　054：　　　038：　　　040：　　　046：

训练目的：

锻炼空间思维能力、视觉追踪能力，以及对数字的敏感度。

训练方法：

观察上述表格，在数字后面写上对应的图标，比如，050：J7。

要求：在 4 分钟内完成。

98

照葫芦画瓢

1	3	9	6	9	6	3	2	2	3	9	1												
2	3	3	6	2	3	3	9	2	9	2	2												
3	9	2	6	2	2	2	3	6	6	3													
4	9	9	6	2	3	6	9	2	9	9	4												
5	6	2	9	2	6	3	3	2	6	3	5												
6	6	6	3	3	9	9	6	2	9	2	6												
7	6	9	6	6	3	3	9	9	6	2	7												
8	3	3	9	6	9	2	3	6	2	3	8												

训练目的:

锻炼视觉记忆和专注力。

训练方法:

在右边表格内将左边的数字抄写下来。不要看一个数写一个数,尽量一眼看多个数字。

要求:2分钟内完成为合格,1分钟内完成为优秀。

```
q  t  p  d  p  d  p  q
b  f  t  q  b  f  p  t
p  q  f  p  q  b  t  f
p  p  q  b  f  t  p  q
f  d  p  q  b  t  q  p
q  o  d  p  q  b  f  t
f  f  o  d  p  o  d  p
b  p  q  p  q  p  q  b
b  f  q  d  p  q  p  q
q  b  p  q  f  o  d  p
o  d  p  q  b  f  t  f
```

训练目的：

锻炼视觉分辨能力。

训练方法：

数出相同字母的数目，并将数目写在下面的横线上。

q____个   t____个 p____个 d____个 f____个

要求：在 4 分钟内完成。

士　中　干　士　干　士　中　干　干
土　土　干　中　中　士　士　士　中
土　干　土　士　干　土　干　中　干
士　土　中　中　干　干　中　干　土
士　干　土　干　士　中　干　士　干
土　中　干　士　中　士　干　士　中
干　土　中　干　士　中　士　干　士
中　士　干　士　士　士　干　士　士
干　中　士　中　中　干　士　中　干
中　干　士　士　干　士　士　干　士
干　中　士　中　士　干　中　士　士
土　干　士　士　干　干　中　士　中
干　土　士　中　干　干　士　中　士

请在下面横线上填上正确的字符数量。

中＿个　　干＿个　　士＿个　　土＿个

训练目的：

锻炼视觉分辨能力和专注力，减少写错字的现象。

训练方法：

根据图中的四种汉字，分别数出每种汉字的个数。

要求：在 4 分钟内完成。

111　333　555　777　999　111　555　777　333
555　111　333　999　777　333　777　555　999
333　999　111　555　999　333　555　777　777
777　333　999　777　555　999　111　555　333
333　555　777　111　999　333　777　555　999
111　333　999　555　333　777　555　999　333
999　777　333　999　777　555　999　111　555
777　999　555　777　777　999　333　777　111
111　333　777　555　777　999　555　333　111
999　333　555　999　111　333　777　555　999
777　555　999　333　111　555　999　333　111
333　777　555　777　999　555　333　333　777
333　555　999　555　333　777　555　999　555
777　111　333　777　999　555　111　333　777

333（　　）个　　777（　　）个　　999（　　）个

训练目的：

锻炼视觉追踪能力和专注力。

训练方法：

根据要求寻找对应的数字，快速找到并且数出这些数字的个数，将答案填写在括号内。

要求：在 3 分钟内完成。

L K V L E R X X W R W R G
Q K A R W J Q Q A R U G W
J G G Y U L X R L X Y A J
E A Q V U Y Y G U E L X L
L K Y Q G Y K X R V E W X
J U J A K J Y U V Q V E J
E G W V E A V K Q K U W A

Q 有（　）个　W 有（　）个　X 有（　）个

训练目的：

锻炼视觉分辨能力和专注力。

训练方法：

依据要求，数出对应的字母个数。

要求：在 2 分钟内完成。

52724	89122	79381	83011	94912
45648	56692	34603	48610	45432
66482	13393	60726	02491	41273
46652	61179	31051	18548	16094
07446	23799	62749	56735	18857
72458	70066	06315	58817	48815
20920	96282	13941	46951	94151
33057	27036	57595	91953	09218
61173	81932	92540	91715	36436

读错次数：___ 次

训练目的：

锻炼专注力，口、眼、脑的视动协调能力，提升数字敏感度。

训练方法：

读数字。要求不能停顿，按照顺序一行行匀速读出来，并把读错的次数和总共所用时间写在后面空白处。

要求：停顿读错数的次数在 5 次以内。

数字对照

左表	右表
1. 745800606355817481	1. 745800606558817481
2. 209096829540171646	2. 209096829540171646
3. 892903001330305820	3. 892903000130305820
4. 465219419594111694	4. 465219419544111694
5. 428809766533612475	5. 428809766533312475
6. 648337678167121901	6. 648337678161621901
7. 564566234034610543	7. 564566234343461054
8. 668213930720241417	8. 668213930320241417

右表缺失的数字：_____

> ∨ < + + > > +
÷ + > ∧ ∨ ÷ × −
< ÷ + ∧ ∨ ÷ ∨ ∧
× ÷ + > < ∨ < ×
÷ + ÷ + > ÷ + >
× ÷ + ÷ < ∨ ∧ ×
− + > ∧ ∨ > × ∨
× ∧ + > ∧ ∨ < ×
÷ + > ÷ + > × −
∧ − − < × > ÷ −

"÷" 有（　）个　　　"+" 有（　）个

"<" 有（　）个　　　">" 有（　）个

训练目的：

提升视觉分辨能力，增强对符号的认知。

训练方法：

数出相同符号的数目，并将个数写在括号中。

要求：在 3 分钟之内完成。

数字侦察兵

4781263—4783216   3255688—3266555

6985412—6985421   9854251—9854232

1342956—1234956   9047185—9074158

4079321—4087381   5961828—5691281

3355699—3344668   5698714—5698741

6935078—9653087   8543197—8543199

0653296—0653196   7541326—7541236

3296547—3295587   2345678—2345670

1256379—1256397   2565448—2565488

9784561—9784561   0668528—0662585

训练目的：

锻炼视觉分辨能力和观察能力。

训练方法：

找出横线两边不同的数字，并在不同的数字下面画横线。

要求：在 3 分钟内完成。

81697215116512963240545334548013219 1
23548927513215623473312153654825779
51236821454781234329654772155791613 2
1184324324134782716804521697455851 25
85321419906271680345044751478379389 6
512357792692616324746785215125479532
658554479653826982145914265889789512
255421503311512695697629412158567163
365156976620184362799233876531264564
673568723938421511654900535996729654
728665532432174162584656623479567144
234941168655147836400594531036154798
732879951236548021379615473527322698
046995125434548257795123794998214554

训练目的：

　提升专注力。

训练方法：

1.将 3 和 8 找出来，用"／"标出。

2.将上下邻近之和为 11 的数字找出来，用下划线标出。

要求：在 8 分钟内完成。